Benny
Elias
Nuri
Sinje

Gina Mayer

Die Schule für Tag- und Nachtmagie

Mathe, Deutsch und Wolkenkunde

Gina Mayer

Die Schule für Tag- und Nachtmagie

Mathe, Deutsch und Wolkenkunde

Band 2

Mit Illustrationen
von Mila Marquis

Ravensburger

MIX
Papier | Fördert gute Waldnutzung
FSC® C111262

3 5 7 6 4

Text: Gina Mayer
Vermittelt durch die Literaturagentur Arteaga, Berlin
Cover- und Innenillustrationen: Mila Marquis

Printed in Germany
ISBN 978-3-473-40359-2
ravensburger.com/service

INHALT

1. KAPITEL, IN DEM LUCY IM LICHT UNTERGEHT

Auf diesen Tag hatte Lucy seit Wochen gewartet.

Jeden Donnerstag um zehn stand in der Tagklasse Lichtschwimmunterricht auf dem Stundenplan. Bisher hatte er nicht in dem großen Lichtschwimmbecken der Schule für Tag- und Nachtmagie stattgefunden, sondern auf der Wiese hinter dem Haus. Die Schüler mussten ihre Matten auf dem Gras ausrollen und dann machten sie unter Anleitung von Frau Mangold Atem- und Streckübungen.

Ihre Schwimmlehrerin ging zwischen den Matten auf und ab und korrigierte die Haltung, indem sie an ihren Armen zog oder an den Beinen.

Für Lucy war das absolute Zeitverschwendung. Bevor sie in die Schule für Tag- und Nachtmagie gewechselt war, war sie im Segensberger Schwimmverein gewesen. Brustschwimmen, Kraulen und Rückenschwimmen, das war alles kein Problem für sie. Sie konnte sogar eine halbe Bahn Schmetterlingsschwimmen. Und nun sollte sie hier auf der Wiese liegen und froschartige Bewegungen machen. Lächerlich!

Ab heute wurde aber alles anders. Sie durften nämlich zum ersten Mal ins Lichtschwimmbad. Das magische Becken lag direkt unter dem Dach der riesigen alten Villa, in dem ihre Schule untergebracht war. Über dem Raum wölbte sich eine Glaskuppel, durch die man direkt in den Himmel gucken konnte, der gerade leuchtend blau und fast wolkenlos war.

Doch keiner der Schüler guckte in den Himmel. Alle starrten wie gebannt auf das Schwimmbecken, das mit buntem Licht gefüllt war. Wie ein flüssiger Regenbogen verlief das Spektrum von einem leuchtenden Violett im vorderen Bereich und wechselte dann zu einem Blau, Grün, Gelb, Orange und schließlich zu einem tiefen Rot. Das Licht wallte sanft auf und ab wie das Meer bei leichtem Wind.

„So, jetzt wollen wir mal schauen, was die Übungen in den letzten Wochen gebracht haben", sagte Frau Mangold, die einen grasgrünen Trainingsanzug trug. Er passte wunderbar zu ihren roten Locken, die sie zu einem Knoten geschlungen hatte. Ihr Blick wanderte über die sechs Schüler am Beckenrand.

Fünf davon schauten erwartungsvoll zurück. Nur der kleine Benny starrte beklommen zu Boden. Das war typisch. Benny war schrecklich schüchtern und ängstlich, er zeigte niemals auf.

„Kiran?", fragte Frau Mangold.

„Darf ich anfangen?" Kiran machte vor Freude einen Luftsprung. Er trug eine zitronengelbe Badehose, obwohl Frau Mangold in der letzten Stunde gesagt hatte, dass sie normale Sportsachen anziehen sollten. „Soll ich gleich rein?"

„Nicht so schnell", erwiderte die Lehrerin. „Wir wiederholen erst mal die Grundlagen. Also, womit ist dieses Schwimmbecken gefüllt? Kannst du mir das sagen?"

„Mit … äh … Licht?", stammelte Kiran.

„Was für Licht?", fragte Frau Mangold geduldig.

Kiran biss sich auf die Unterlippe und lauschte angestrengt. Neben ihm stand nämlich Sinje, die verstohlen die Hand vor den Mund gelegt hatte.

„Äh … mit kompliziertem prima Licht", brachte er schließlich hervor.

Frau Mangold seufzte. „Sinje? Vielleicht sagst du es lieber gleich – und zwar laut."

Sinje warf Kiran einen entschuldigenden Blick

zu. Dabei war es nun wirklich nicht ihr Fehler, dass er in der letzten Stunde nicht aufgepasst hatte. Da hatte Frau Mangold alles noch mal genau erklärt.

„Mit komprimiertem Prismenlicht", sagte Sinje.

Frau Mangold nickte zufrieden. Sinje war eindeutig die Klassenbeste. Das zierliche Mädchen mit den langen strohblonden Haaren kannte sich nicht nur in Wolkenkunde oder Blütenzauber aus, Sinje konnte auch am schnellsten rechnen und schrieb tolle Aufsätze. Mathe und Deutsch gehörten nämlich ebenso zum Stundenplan der Tagschüler wie die magischen Fächer.

„Kannst du uns auch erklären, wie dieses Licht entsteht?", fragte Frau Mangold.

Natürlich konnte Sinje das. Sinje war Lucys beste Freundin in der Schule für Tag- und Nachtmagie. Aber manchmal ging es Lucy ein bisschen auf die Nerven, wie gut sie war.

„Prismenlicht entsteht durch die Brechung der Sonnenstrahlen. Etwa durch Wassertropfen in der Luft. Wenn es regnet und gleichzeitig die Sonne scheint, entsteht ein Regenbogen. Hier in die Fensterscheiben sind Prismenspiegel eingearbeitet." Sinje deutete hinauf zu dem gewölbten Glasdach. „Die sind sehr stark, deshalb wird das Licht quasi zusammengeballt – also komprimiert."

„Wie kann man dieses Prismenlicht nutzen?", wollte Frau Mangold wissen.

„Prismenlicht beeinflusst die Gemütszustände, man kann damit Trauer lindern oder Angst vertreiben", sagte Sinje. „Als Tagmagier kann man darin schwimmen wie in Wasser. Ein geübter Magier kann sogar über einen Regenbogen gehen. Aber das ist sehr schwer."

„Können Sie das, Frau Mangold?", fragte Kiran, der sich offensichtlich wieder von seiner Schlappe erholt hatte.

Frau Mangold lächelte. „Natürlich. Das gehört

zur Ausbildung einer Lichtschwimmlehrerin dazu. Aber zu diesen Dingen kommen wir erst viel, viel später. So, jetzt geht es ins Becken."

„Au ja!" Kiran ging schon mal in Sprungposition.

„Sinje darf anfangen", bestimmte Frau Mangold. „Hier vorne im violetten Bereich kannst du noch stehen, du brauchst also keine Angst zu haben."

Genau wie in einem normalen Schwimmbad konnte man auch in einem Lichtschwimmbecken ertrinken, das hatten sie bereits gelernt.

„Der menschliche Körper ist nicht an komprimiertes Prismenlicht gewöhnt", hatte die Lehrerin in der letzten Stunde gesagt. „Wenn wir ihm zu lange ausgesetzt sind, wird uns erst schwindlig, dann fallen wir in Ohnmacht und irgendwann setzt die Atmung aus."

Deshalb durften die Schüler aus den unteren Klassen auch niemals allein ins Schwimmbad, sondern nur, wenn ein Lehrer dabei war.

Sinje kletterte über die Badeleiter ins Schwimmbecken. „Oh!" Sie schnappte nach Luft, als ihre Beine in das violette Licht eintauchten, das vorne im Becken waberte. „Das fühlt sich ja komisch an!"

„Gut oder blöd?", fragte Nuri. Das dunkelhaarige Mädchen mit dem roten Punkt auf der Stirn trug einen pinken Gymnastikanzug, der ihm einfach fantastisch stand.

„Gut!", rief Sinje. „Es ist warm und irgendwie ... kuschlig."

Na, so was! Am Beckenrand wurden alle hibbelig, weil sie so gern hinterhergesprungen wären.

Sinje stand nun im Becken, das an dieser Stelle wirklich nicht sehr tief war. Das violette Licht reichte ihr nur bis zu den Oberschenkeln. Sie watete vorsichtig am Beckenrand entlang.

„Versuch mal einen Sprung", sagte Frau Mangold. „Kommst du bis in den blauen Bereich?"

Wie soll das denn gehen?, fragte sich Lucy. Der blaue Streifen war mindestens drei Meter entfernt.

„Alles klar." Sinje atmete tief ein, dann hopste sie ein Stück nach vorn. Die ganze Klasse schrie begeistert auf. Weil Sinje nämlich wie in

Zeitlupe ein riesiges Stück durch das Becken schwebte. Sie landete mitten im blauen Bereich, wo ihr das Licht bereits bis an die Brust reichte. „Hier fühlt es sich ganz anders an. Es kribbelt total."

„Okay, super!", rief Frau Mangold. „Dann komm mal wieder zurück ins Violette."

Nun gab es kein Halten mehr. Alle wollten sofort ins Lichtschwimmbecken. Vorher teilte Frau Mangold sie in drei Zweiergruppen ein, jeder sollte auf seinen Partner aufpassen. Lucy kam mit Yannick zusammen. Der schlaksige Junge mit der dicken Hornbrille hüpfte aufgeregt von einem Fuß auf den anderen. Sie kletterten nacheinander ins Becken.

Und es war tatsächlich so, wie Sinje gesagt hatte: Das violette Licht, das sich jetzt um Lucys Beine legte und mit sanfter Wärme an ihre Haut schmiegte, löste ein kuschliges Gefühl in ihr aus. Wie eine zärtliche Umarmung.

Eigentlich war es total schön, dennoch hatte Lucy auf einmal einen Kloß im Hals. Weil das liebevolle Licht sie an ihre Mama erinnerte. Genauso hatte es sich angefühlt, wenn sie Lucy früher ins Bett gebracht hatte.

Damals hatten sie alle noch zusammen in der alten Mühle am Waldrand gewohnt: Papa, Mama, Lucy und ihre Zwillingsschwester Nora. Und jeden Abend, nachdem Lucy und Nora sich die Zähne geputzt hatten, hatte Mama sie in den Arm genommen und aus dem Bad ins Schlafzimmer getragen. Nacheinander, versteht sich.

Lucy und Nora waren damals erst fünf gewesen und viel kleiner als heute, aber natürlich hatten sie längst selbst laufen können. Es war jedoch so schön gewesen, sich an Mama zu kuscheln und direkt aus ihrer Umarmung ins weiche Bett zu plumpsen.

Danach hatte Papa ihnen eine Geschichte erzählt und ein Lied mit ihnen gesungen und dann gab es noch einen Gutenachtkuss. Oder vielmehr zwei – einen für Lucy und einen für Nora.

Tante Julia, die Nora und Lucy aufgenommen hatte, nachdem ihre Eltern verschwunden waren, hatte ihnen abends auch immer etwas vorgelesen und ihnen einen Gutenachtkuss gegeben. Aber dieses wunderbare, zärtlich warme Gefühl hatte Lucy bei ihr nie gespürt.

„Ist das krass hier!" Yannick schob seine Brille nach oben. „Das ist viel besser als im normalen Schwimmbad. Kann ich mal untertauchen?"

„Untersteh dich!", rief Frau Mangold, an die die Frage gerichtet war. „So weit sind wir noch nicht."

„Und wenn ich einfach umfalle?" Diese Worte murmelte Yannick nur, aber Frau Mangold hörte ihn trotzdem.

„Wer Unsinn macht, fliegt raus. Und zwar sofort!", drohte sie.

Yannicks Gesicht verfärbte sich rot. „War nur Spaß“, sagte er schnell.

„So.“ Frau Mangold klatschte in die Hände. „Alle bitte mal in einer Reihe aufstellen.“

Dann sollten sie gleichzeitig in die Hocke gehen und einen Satz nach vorn machen.

„Ihr bleibt aber auf jeden Fall im Nichtschwimmerbereich“, erklärte Frau Mangold. „Das heißt im violetten oder blauen Streifen. Dahinter wird das Licht richtig tief.“

Als Lucy in die Knie ging, hatte sie das Gefühl, dass eine unsichtbare Kraft sie nach unten saugte. Und sobald sie in die Höhe sprang, katapultierte die gleiche Kraft sie nach oben wie eine mächtige Feder. Doch genau wie Sinje vorhin flog sie nicht schnell, sondern ganz, ganz langsam vorwärts.

Sie landete weit hinten im blauen Lichtstreifen, und prompt überzog eine leichte Gänsehaut ihren Körper, obwohl es gar nicht kalt war. Dann begann ihr Bauch zu kribbeln. Es war eine

Mischung aus Vorfreude und Aufregung, die sie plötzlich erfüllte.

Nur wenige Zentimeter von ihr entfernt begann der grüne Streifen. Man konnte sehen, dass das Licht dort gefährlich tief wurde. Aber Lucy wollte ja gar nicht hinein, sie wollte nur wissen, wie sich das grüne Licht anfühlte.

Sie schob sich Zentimeter für Zentimeter auf die Lichtgrenze zu, und als sie sie erreicht hatte, streckte sie ihr linkes Bein und ihren rechten Arm aus.

Sofort packte sie ein starkes Verlangen. Der Drang, einen großen Schritt nach vorn zu machen und einfach ins Grüne hineinzuschwimmen, war fast unwiderstehlich. Sie musste bloß ...

„Lucia Lichtblau!“, drang Frau Mangolds laute Stimme an ihr Ohr. „Du bist viel zu weit draußen! Sofort zurück ins Violette!“

Lucia war Lucys richtiger Name. Wenn die Lehrer sie so nannten, wurde es ernst.

Lucy zog eine Schnute. So ein Mist aber auch!

Eine Zeit lang hopsten die Schüler durch das Becken wie Frösche im Weltall. Obwohl die Bewegungen so schwerelos wirkten, war es echt anstrengend.

Lucy war jedenfalls nach kurzer Zeit total außer Atem. Außerdem vergaß sie vollkommen, dass sie und Yannick ein Team waren und sie eigentlich auf ihn aufpassen sollte. Als es ihr wieder einfiel, schaute sie sich erschrocken nach ihm um. Zum Glück war er nicht ohnmächtig, sondern hüpfte in einigen Metern Entfernung auf und ab wie ein Gummiball in Zeitlupe.

„Okay, Leute!" Frau Mangold klatschte erneut in die Hände. „Zum Abschluss machen wir jetzt ..."

„Zum Abschluss?", unterbrach Nuri sie. „Ich will noch nicht raus!"

Auch die anderen begannen lautstark zu protestieren.

„Ruhe!“ Frau Mangold hob warnend die Hand. „Ich möchte, dass ihr euch alle noch mal konzentriert. Ich hab nämlich eine echt schwere Übung für euch. Die meisten werden gnadenlos untergehen – und zwar im wörtlichen Sinne. Aber vielleicht haben wir ja ein Naturtalent in der Klasse, dem das Ganze auf Anhieb gelingt.“

„Was sollen wir denn machen?“, fragte Lucy.

„Legt euch flach auf den Rücken und lasst euch auf dem Licht treiben.“

„Toter Mann", sagte Lucy.

„Richtig", sagte Frau Mangold. „So heißt die Übung beim normalen Schwimmen. Wir Lichtschwimmer nennen sie das *Schwebende Blatt.* Das Entscheidende dabei ist, dass ihr euren Körper im Licht ins Gleichgewicht bringt und euch vollkommen entspannt."

Diese Übung mussten sie abwechselnd machen, damit ein Teampartner dem anderen helfen konnte, wenn er unterging.

Yannick fing an. Er hielt sich keine Sekunde an der Lichtoberfläche, sondern sank sofort auf den Boden des Beckens. Allerdings musste Lucy ihn nicht retten, er kam von allein hoch.

„Puh, da wird einem wirklich schwindlig", stellte er fest, als er wieder auf den Beinen stand.

Bei Lucy klappte es leider auch nicht besser. Sie hatte sich gerade auf den Rücken gelegt, als sie auch schon unterging. Und während sie sank, begann sich vor ihren Augen alles zu drehen. Ihr

Körper schien sich mit violettem Licht zu füllen. Es war wunderlich und gruselig zugleich.

Benommen richtete sie sich auf und schüttelte den Kopf.

„Das kann doch nicht so schwer sein!", rief Yannick und probierte es gleich noch einmal.

Nach ihm unternahm Lucy einen zweiten Versuch. Sie hoffte so sehr darauf, auch mal die Beste zu sein – ein Naturtalent, wie Frau Mangold gesagt hatte.

„Das ist es!", rief die Lehrerin, nachdem Lucy wieder auf den Beckenboden gesunken war. „Das Schwebende Blatt! Wahnsinn!"

2. KAPITEL, DAS MIT EINER KATASTROPHE BEGINNT UND MIT EINEM ZUSAMMENSTOẞ ENDET

Als Lucy sich umdrehte und Frau Mangolds Blick folgte, sah sie Benny. Der kleine, dünne Junge trieb seelenruhig auf den violetten Lichtwellen. Als ob er eingeschlafen wäre. Aber seine leicht vorstehenden Augen blickten hoch zum Himmel hinter dem Glasdach.

„Er kann es!" Nuri, die Bennys Partnerin war, strahlte so stolz, als ob sie Benny das Schweben beigebracht hätte.

Alle begannen laut zu applaudieren. Leider

erschreckte sich Benny dadurch so sehr, dass er aus dem Gleichgewicht geriet und nach unten sank. Hustend und nach Luft ringend rappelte er sich wieder auf. Als ihm bewusst wurde, dass alle Blicke auf ihn gerichtet waren, wurde er knallrot.

„Das war toll, Benny", sagte Frau Mangold. „Du hast das Schwebende Blatt auf Anhieb geschafft. So was hab ich noch nie erlebt."

„Das war doch nichts Besonderes", murmelte Benny und starrte verlegen in das violette Licht zu seinen Füßen, als hätte er etwas darin verloren.

Nach der Lichtschwimmstunde duschten sie mit richtigem Wasser, sie waren nämlich total nass geschwitzt. Dann hatten sie erst mal Pause und danach eine Doppelstunde Mathe bei ihrem Klassenlehrer Herrn Wohlgemut.

Der Name passte perfekt, ihr Lehrer hatte wirklich immer gute Laune. Er war ziemlich dick und hatte eine Glatze, in der sich das Licht spiegelte.

Als Lucy zusammen mit Sinje und Nuri ins Klassenzimmer rannte, war er schon da, obwohl es noch gar nicht geklingelt hatte. Und er war nicht allein. Neben Herrn Wohlgemut standen ein fremder Junge und ein älterer, dunkelhäutiger Mann mit Nickelbrille und sehr kurzen weißen Haaren. Das war Herr Karibu, der Direktor der Tagschule.

„Hallo, Kinder", sagte Herr Wohlgemut, als alle ihre Plätze eingenommen hatten. „Herr Karibu und ich haben heute eine Überraschung für euch."

„Die Überraschung heißt Elias", ergänzte Herr Karibu und legte dem Jungen eine Hand auf die Schulter. „Er geht ab sofort in eure Klasse."

Gerade hatten noch alle gemurmelt und geflüstert, jetzt breitete sich auf einen Schlag Totenstille im Raum aus. Ein neuer Schüler.

Elia

Das war allerdings eine Überraschung. Oder vielmehr: eine Katastrophe.

Herr Wohlgemut hatte ihnen schon am Anfang des Schuljahres gesagt, dass vermutlich noch ein Schüler in ihre Klasse kommen würde. Aber dann war Woche um Woche vergangen, ohne dass jemand Neues auftauchte – und irgendwann hatten alle die Ankündigung vergessen.

Es war nämlich so: Jeder Jahrgang in der Schule für Tag- und Nachtmagie bestand aus genau zwölf Schülern. Sechs von ihnen wurden in der Nachtklasse unterrichtet wie Lucys Zwillingsschwester Nora, die um diese Zeit im Tiefschlaf lag. Die anderen sechs gingen in die Tagklasse.

Die Zahl zwölf durfte niemals überschritten werden. Es gab schließlich auch nur zwölf Tierkreiszeichen am Himmel und zwölf Monate im Kalender und jeder Tag bestand aus zweimal zwölf Stunden.

Wenn jetzt ein neuer Schüler in die Klasse kam, bedeutete das, dass einer von ihnen gehen musste.

„Also, ich hoffe, dass ihr Elias freundlich aufnehmt und ihm alles erklärt und zeigt", sagte Herr Karibu. „Habt ihr irgendwelche Fragen?"

Natürlich hatten sie alle dieselbe Frage, aber keiner wagte es, sie auszusprechen. Lucys Mund war so trocken, dass sie keinen Pieps herausgebracht hätte. Voller Angst blickte sie zu Sinje und Yannick, die mit ihr am Tisch saßen. Die beiden starrten ebenso entsetzt zurück.

Es war Kiran, der doch den Mut fand, sich zu melden. „Wieso kommt er denn jetzt erst?", fragte er.

„Nun, es hat ein bisschen gedauert, bis wir Elias gefunden haben", sagte Herr Karibu. Der Direktor lächelte den neuen Schüler an, und dabei fiel Lucy auf, wie ungewöhnlich Elias aussah.

Er hatte dunkle Haare, die ihm in die Stirn

fielen, und seine Haut war braun gebrannt. Aber seine Augen passten überhaupt nicht in sein Gesicht. Die Iris war hellblau, sie schien von innen heraus zu leuchten. Wie das Wasser in einem Aquarium. Sie erinnerten Lucy an etwas, aber woran?

„Na, wenn es keine Fragen mehr gibt, müssen wir nur noch klären, wo du sitzt“, sagte Herr Wohlgemut. „An welchen Tisch möchtest du denn, Elias?“ An beiden Gruppentischen saßen bereits drei Schüler.

Bisher hatte Elias noch keinen Ton gesagt. Auch jetzt schwieg er und zuckte nur mit den Schultern.

„Ich glaube, du kommst hierher, neben Lucy“, sagte Herr Wohlgemut. „Der andere Tisch hat ja schon einen Jungenüberschuss.“ Er holte den Stuhl, der an der Tür stand, und schob ihn neben Lucy an den Tisch.

„Bestens!“, sagte Herr Karibu. „Ich sehe, die Sache läuft. Dann wünsche ich dir einen guten

Start in der Tagklasse, Elias. Und allen anderen einen wunderschönen, sonnigen Tag."

„Halt!", rief Nuri, als der Direktor sich zur Tür wandte.

„Was gibt es denn noch?" Er sah sie überrascht an.

„Wie geht es nun weiter?" Nuris Stimme klang total belegt. „Werden wir ... ich meine ..." Sie schluckte mitten im Satz. „Muss jetzt einer von uns gehen?"

„Aber nein, nicht doch." Herr Karibu lächelte sein warmes Lächeln.

Lucy spürte, wie ihr vor Erleichterung so schwindlig wurde, als wäre sie im Lichtschwimmbecken untergetaucht. Also hatten sie sich umsonst Sorgen gemacht. Elias kam einfach zusätzlich in die Klasse und keiner musste die Schule verlassen.

Doch leider war Herr Karibu noch nicht fertig. „In den nächsten zwei Monaten passiert gar nichts", fuhr er fort. „Mitte November schauen wir mal, wie ihr euch so macht. Sechs von euch werden wir auf jeden Fall behalten."

Peng! Lucys Erleichterung zerplatzte wie ein Luftballon, in den man eine Nadel pikt.

Es war wie bei Nora in der Nachtklasse. Die waren am Anfang auch zu siebt gewesen, und nach einer zweimonatigen Probephase, in der alle Schüler getestet und begutachtet worden waren, war ein Kind nach Hause geschickt worden. Nora hatte während der ganzen Zeit furchtbare Angst gehabt, dass sie die Schule wieder verlassen müsste.

Und Lucy ging es jetzt genauso. Die Vorstellung, in ihr früheres Leben zurückkehren zu müssen, war einfach nur schrecklich.

„Ich gehe hier nicht weg!", sagte sie.

Erst als sie den irritierten Blick des Jungen bemerkte, der sich inzwischen neben ihr niedergelassen hatte, begriff Lucy, dass sie die Worte laut ausgesprochen hatte.

Elias' leuchtende Augen musterten sie. Sein

Blick machte sie nervös. Unwillig bückte sie sich, holte ihr Matheheft aus der Tasche und schlug es auf.

Der Rest des Schultages rauschte einfach so an Lucy vorbei. Noch heute Morgen war sie felsenfest davon überzeugt gewesen, dass sie die nächsten Jahre in der Schule für Tag- und Nachtmagie verbringen würde. Und dass sie hier alles lernen würde, um eine gute Tagmagierin zu werden. Doch von einer Sekunde auf die andere war nichts mehr sicher.

Und daran war allein Elias schuld.

„Wenn er bloß nicht aufgetaucht wäre", sagte sie beim Abendessen. Sie saßen wie immer zu viert an einem Tisch: Lucy und ihre Zwillingsschwester Nora und Sinje und Tarek – Noras bester Freund aus der Nachtklasse.

Na ja, eigentlich waren sie sogar zu fünft, Tareks Siebenschläfer war nämlich auch noch dabei. Das kleine Nagetier mit dem buschigen

Schwanz hatte sich auf dem Unterteller von Tareks Teetasse zusammengerollt und schnarchte.

Nora und Tarek waren gerade erst aufgestanden und nahmen jetzt ihr Spätstück ein. Um acht Uhr begann für sie der Unterricht. Für Lucy und Sinje

gab es Abendessen, um neun Uhr war Schlafenszeit.

Der Tisch stand auf einer kleinen Wolke. Während sie aßen, trieben sie kreuz und quer durch den Speisesaal. Auch die anderen Tische standen auf Wolken. Das war sehr praktisch, weil der Saal nicht sehr groß, aber ungeheuer hoch war. Dadurch passten deutlich mehr Tische rein.

„Macht euch bloß nicht verrückt." Nora ließ ihr Brötchen sinken, das sie gerade mit Schokocreme bestrichen hatte. „Euch beide schicken sie ganz bestimmt nicht nach Hause."

„Woher weißt du das?", fragte Sinje düster.

„Ihr seid doch gute Schülerinnen", sagte Nora. „Du bist sogar die Klassenbeste."

„Die anderen sind auch gut", entgegnete Sinje. „Und Herr Wohlgemut sagt immer, dass es nicht auf die Leistung ankommt, sondern auf den Einsatz und den Spaß am Lernen."

„Außerdem will ich auch nicht, dass sie

einen von den anderen rauswerfen", sagte Lucy.

Elias. Er war der Einzige, auf den sie verzichten konnte. Obwohl sie nebeneinandersaßen, hatten sie den ganzen Tag lang so gut wie kein Wort miteinander gewechselt.

„Wie sieht dieser Elias denn aus?", fragte Tarek neugierig. „Schwebt er hier irgendwo rum?"

Lucy und Sinje blickten sich suchend um. Aber am Abend und am Morgen war der Saal besonders voll, weil sowohl die Tag- als auch die Nachtschüler ihre Mahlzeiten einnahmen. Falls Elias hier war, war er jedenfalls nirgends zu sehen.

„Echt komisch, dass er mitten im Schuljahr anfängt." Nora schob den Teller mit ihrem Schokobrötchen zur Seite.

Lucy wusste, dass sich ihre Schwester auch Sorgen machte, obwohl sie es nicht zugab. „Herr Karibu hat uns erzählt, dass sie lange nach ihm suchen mussten", sagte sie.

„Wieso das denn?", fragte Nora mit vollem Mund. „War er verschwunden?"

Lucy zuckte mit den Schultern.

„Wenn sie es bloß gelassen hätten", sagte Sinje. „Dann dürften wir alle bleiben und es gäbe kein Problem. Schon bei der Vorstellung, dass ich die Schule verlassen muss, wird mir ganz ..."

Weiter kam sie nicht. Weil ein fürchterlicher Rums ihre Wolke erschütterte. Der Tisch wackelte, die Teller machten einen Satz in die Höhe, das Besteck klapperte und Muckel wachte auf.

Der Siebenschläfer stieß ein entsetztes Quietschen aus und flüchtete blitzschnell in Tareks Hosentasche.

Die vier Freunde starrten irritiert auf die kleine Wolke, die mit ihnen zusammengestoßen war. Auf ihr saß nur ein einziger Schüler: Elias.

3. KAPITEL, IN DEM SICH ELIAS VERDÄCHTIG VERHÄLT

Auf Elias' Wolke hatte der Zusammenstoß für ein Riesenchaos gesorgt. Sein voller Kakaobecher war umgefallen und hatte seinen Teller und den ganzen Tisch überschwemmt. Die braune Flüssigkeit tropfte auf die Wolke und auf Elias' Hose.

„Entschuldigung", sagte er betroffen. „Ich hab wohl nicht richtig aufgepasst." Er griff zu seiner Serviette, aber die war auch vollkommen durchnässt.

„Das musst du ja auch nicht", sagte Tarek. „Aufpassen, meine ich."

Die Wolken im Speisesaal mussten nämlich gar nicht gesteuert werden. Immer wenn zwei von ihnen aufeinander zuflogen, wichen sie sich geschickt aus wie Bienen in einem Schwarm. Es war das erste Mal, dass es hier zu einem Zusammenstoß gekommen war, und dementsprechend verwundert sahen nun die anderen Schüler zu ihnen herüber.

„Alles okay bei euch?" Frau Azzurro, die im Speisesaal die Aufsicht hatte, kam auf ihrer Wolke zu ihnen hochgesegelt. „Ach du liebe Zeit, das ist ja eine schöne Bescherung! Wie konnte das denn passieren?"

„Keine Ahnung", sagte Lucy.

„Vermutlich ein magnetischer Fehler." Frau Azzurro schüttelte ärgerlich den Kopf. „Ich bring das mal in Ordnung." Sie wandte sich an Elias. „Dafür muss ich deine Wolke abschleppen. Wieso nimmst du nicht einfach deinen Stuhl und setzt dich zu den anderen?"

„Genau", sagte Tarek. „Komm rüber! Hier ist zumindest alles trocken."

„Okay." Elias griff nach seinem Stuhl und trug ihn auf die andere Wolke. „Danke."

„Hi", sagte Tarek, nachdem sich Elias hingesetzt hatte. „Dich hab ich hier noch nie gesehen. Bist du neu?"

Elias nickte. „Ich bin Elias."

„Du bist Elias?" Noras Stimme war hell vor Aufregung. „Du bist der Neue in der Tagklasse."

Elias nagte unbehaglich an seiner Unterlippe, während er Nora mit seinen leuchtenden Augen musterte. „Genau", sagte er schließlich.

„Lucy und Sinje haben gerade von dir erzählt", sagte Nora. „Ich heiße Nora. Und das ist Tarek. Wir gehen in die Nachtklasse."

„Nora ist meine Zwillingsschwester", ergänzte Lucy.

Elias' Blick wanderte einen Moment lang

verwundert zwischen ihnen hin und her. Obwohl sie Zwillinge waren, sahen sich Lucy und Nora überhaupt nicht ähnlich.

Noras Haare waren dunkelbraun und glatt und sie hatte helle Haut mit vielen Sommersprossen. Lucy hatte auch Sommersprossen, aber die waren in ihrem braun gebrannten Gesicht kaum zu sehen. Noras Augen waren blau wie Kornblumen und Lucys hellgrün.

„Und das ist Muckel." Tarek streichelte den Siebenschläfer, der aus seiner Tasche wieder auf den Tisch geklettert war und neugierig schnupperte.

Elias nickte. Er schien wirklich nicht sehr gesprächig zu sein.

„Wieso kommst du eigentlich erst jetzt?", fragte Nora neugierig.

„Mein Dad und ich waren ziemlich weit weg", sagte Elias. „Es hat eine Weile gedauert, bis wir die Einladung der Schule bekommen haben."

Wow, dachte Lucy. Das waren immerhin zwei ganze Sätze gewesen. Die allerdings wieder neue Fragen aufwarfen. Was war mit Elias' Mutter? Und wieso hatte es so lange gedauert, bis Elias die Einladung erhalten hatte? Kein Ort der Welt lag so abgelegen, dass ein Brief drei Monate brauchte, um ihn zu erreichen. Vor allem, wenn man über alle möglichen magischen Mittel verfügte wie die Lehrer in der Schule für Tag- und Nachtmagie.

„Darf ich ihn mal streicheln?" Elias deutete auf Muckel.

„Klar", sagte Tarek. „Das mag er sehr."

Elias kraulte Muckel vorsichtig zwischen den spitzen Öhrchen. Der Siebenschläfer streckte sich lang auf dem Tisch aus, gähnte herzhaft und schlief wieder ein. Selbst für einen Siebenschläfer war er eine echte Schlafmütze.

„Der ist süß", sagte Elias.

„Finde ich auch", sagte Tarek. „Wie gefällt es dir denn hier in der Schule?"

Elias antwortete nicht. Während seine Finger weiterstreichelten, richtete sich sein Blick auf eine Wolke, die gerade an ihnen vorübertrieb und auf der ein wunderschönes Mädchen spätstückte. Ihre langen glänzenden Haare fielen ihr wie ein goldener Wasserfall über die Schultern bis zu den Hüften. Die Schülerin schaute nicht zu ihnen herüber, sie starrte mit ausdruckslosem Gesicht in ihre Tasse.

„Wer ist das?" Elias' Stimme war auf einmal ganz leise.

„Celeste", sagte Nora. „Sie geht in unsere Klasse."

„Sie ist die Tochter von Lady Sunshine." Tarek senkte seine Stimme zu einem Raunen. „Falls dir das was sagt."

Elias' Blick klebte an Celeste, er konnte ihn gar nicht mehr von ihr lösen.

„Lady Sunshine?", fragte er. „Wer soll das sein?"

Aber die Reaktion kam ein bisschen zu spät. Außerdem hatte Lucy bemerkt, wie sich Elias'

Augen geweitet hatten, als Tarek Lady Sunshine erwähnt hatte.

Sie wechselte einen schnellen Blick mit ihrer Zwillingsschwester. Nora runzelte die Stirn. Elias' Überraschung war auch ihr nicht entgangen.

„Sie ist eine mächtige Magierin", sagte Tarek. „Aber sie ist nicht sehr nett."

Nicht sehr nett – das war die Untertreibung des Jahrhunderts! Lucy wusste nicht besonders viel über Lady Sunshine, sie kannte nur die Gerüchte, die in der Schule kursierten: dass Lady Sunshine die Tag- und Nachtmagie nicht zum Wohl der Menschen nutzte, sondern für ihre eigenen, bösen Zwecke. Und dass sie daran schuld war, dass Lucys und Noras Eltern untergetaucht waren. Ihre Mama besaß oder wusste irgendetwas, was Lady Sunshine unbedingt an sich bringen wollte. Und damit ihr das nicht gelang, versteckten ihre Eltern sich an einem geheimen Ort.

Lucy hätte so gerne mehr über die rätselhafte Lady in Erfahrung gebracht. Doch die Lehrer und die älteren Schüler verstummten sofort, sobald ihr Name fiel. Und Celeste verriet ebenfalls nichts.

Dass sie die Tochter von Lady Sunshine war, war überhaupt nur durch einen Zufall ans Licht gekommen. Danach hatten alle erwartet, dass Celeste von der Schule fliegen würde, aber das war nicht passiert.

Niemand war für die Übeltaten seiner Eltern verantwortlich, hatte Frau Luna, die Direktorin der Nachtschule, erklärt. Lucy und Nora begegneten Celeste jedoch mit großem Misstrauen, seit sie ihr Geheimnis kannten.

„Hm“, machte Elias nur. Er starrte Celeste nach, die inzwischen weitergesegelt war.

Er hat Tarek gar nicht richtig zugehört, dachte Lucy. Weil er ganz genau weiß, wer Lady Sunshine ist. Und er kennt auch Celeste, zumindest hat er sie schon einmal gesehen. Aber warum versuchte er, das zu verheimlichen?

Sie würde alles daran setzen, das so schnell wie möglich rauszufinden.

Seit Elias in der Tagklasse war, lief nichts mehr richtig rund.

Bei Gruppenarbeiten hatten sie bisher immer drei Zweierteams oder zwei Dreierteams gebildet. Jetzt ließ sich ihre Klasse viel schwieriger aufteilen.

Im Duftlabor und in der Lichtschmiede gab es nur sechs Arbeitsplätze, also musste ab sofort ein Schüler seinen Platz teilen. Und im Aufenthaltsraum war es ebenfalls zu eng, seit er da war.

Das war natürlich nicht Elias' Schuld. Er konnte ja nichts dafür, dass jedes Jahr nur sechs neue Tagschüler aufgenommen wurden. Aber für seine muffelige Art konnte er schon etwas. Er machte keinerlei Anstalten, sich mit den anderen anzufreunden. Oder sie auch nur kennenzulernen. In den Pausen verschwand er sofort, keiner wusste, wohin er sich verdrückte. Und bei den Mahlzeiten saß er meistens allein an einem Tisch.

„Jetzt ist er schon zwei Wochen hier und ich hab noch keine drei Sätze mit ihm geredet", sagte Sinje zu Lucy, während sie zusammen über den Pausenhof gingen.

Unter den hohen Platanen am Rand des Hofes kam ihnen Pluto entgegen. Der riesige Wolfshund hatte die Aufgabe, die Schule tagsüber zu bewachen. Mit seinen spitzen Zähnen und den blutunterlaufenen Augen sah er furchterregend aus. Am Anfang hatte Lucy Angst vor ihm gehabt, aber inzwischen wusste sie, dass Pluto total harmlos war.

Als er Lucy und Sinje sah, ließ er sich sofort auf den Boden plumpsen, weil er gestreichelt werden wollte.

„Feiner Hund." Sinje kraulte seinen Hals.

Pluto verdrehte genießerisch die Augen. Lucy hätte sich nicht gewundert, wenn er zu schnurren begonnen hätte wie eine Katze.

„Du hast es gut, Pluto. Du musst nicht in Wolkenkunde." Lucy tätschelte Plutos struppige Flanke.

Auf der Schwanzspitze des Hundes ließ sich ein blau-gelb getüpfelter Falter nieder. Nicht einmal die Schmetterlinge fürchteten sich vor Pluto.

Wie aufs Stichwort erklang aus dem Schulgebäude der Gong. Die Pause war zu Ende.

„Dann müssen wir wohl ..." Sinje seufzte und gab Pluto einen Kuss auf die Stirn. „Ich wünschte, die Stunde wäre schon vorbei."

Wolkenkunde war mit Abstand das langweiligste Fach auf ihrem Stundenplan. Das lag am Lehrer: Herr Simmerling, ein kleiner Mann mit schlohweißem Haar, hatte eine leise, schleppende Stimme. Oft leierte er sich damit selbst in den Schlaf. Mitten im Satz fielen ihm plötzlich die Augen zu und er verstummte. Leider wachte er sofort wieder auf, sobald auch nur ein Schüler die Gelegenheit nutzte und kicherte oder flüsterte.

Pluto fand es sichtlich schade, dass Lucy und Sinje ihn nicht mehr streichelten. Er folgte ihnen über den Schulhof zu der blau gestrichenen Villa, in die jetzt aus allen Richtungen Schüler strömten.

Man sah dem Gebäude schon von außen an, dass im Inneren kein Raum wie der andere war. Alle Fenster waren unterschiedlich geformt, einige waren hoch und spitz, andere rund und wieder andere quadratisch.

Der große Giebel unter dem Glasdach war mit Fachwerk verziert, es gab viele Erker und verschnörkelte Balkone und einen lang gezogenen Seitenflügel, in dem die Zimmer der Schüler lagen.

Der Unterricht in Wolkenkunde fand nicht in ihrem Klassenzimmer statt, sondern in einem ziemlich düsteren Raum im Erdgeschoss. Der Rest der Klasse war bereits da, als die beiden Freundinnen hereinkamen. Im Wolkenkunderaum gab es nur Zweiertische, Lucy und Sinje teilten sich einen in der ersten Reihe. Bevor Lucy Platz nahm, fiel ihr Blick auf Elias, der ganz hinten allein an einem Tisch saß. Er starrte gebannt in sein Heft, als ob er sich darin in der letzten Stunde etwas ungeheuer Spannendes notiert hätte. Vermutlich wollte er einfach nur verhindern, dass ihn jemand anquatschte.

Herr Simmerling war noch nicht da, aber nun betrat eine junge Frau den Raum. Sie war sehr dünn und blass und hatte dunkle Haare, die strähnig auf ihre Schultern fielen.

„Hallo zusammen." Ihre Stimme war hell und leise. Sie huschte zum Lehrerpult, setzte sich dahinter und faltete die Hände auf dem Tisch. „Ich bin Frau Kyrie-Eleis." Sie lächelte zaghaft.

„Ich glaub, Sie sind hier falsch", sagte Nuri. „Wir haben jetzt Wolkenkunde bei Herrn Simmerling."

Das Lächeln verschwand sofort wieder aus Frau Kyrie-Eleis' Gesicht. „Herr Simmerling hatte leider einen Unfall", erklärte sie betrübt. „Er ist die Treppe runtergefallen und hat sich das Bein gebrochen. Ich bin seine Vertretung."

Ein mitleidiges Gemurmel erfüllte den Raum. Der arme Herr Simmerling.

„Es ist zum Glück kein komplizierter Bruch. Es geht ihm ganz gut und er lässt euch schön grüßen." Frau Kyrie-Eleis nagte nervös am Nagel ihres kleinen Fingers. „Ich werde ihn vertreten, wie schon gesagt. Heute ist übrigens mein erster Tag ..." Ihre Stimme versagte. Sie war furchtbar aufgeregt, das war nicht zu überhören.

Lucy lächelte Frau Kyrie-Eleis aufmunternd an. Die Lehrerin zögerte einen Moment, dann lächelte sie zurück. Ihre Augen waren sehr groß und mausgrau und schimmerten, als würde sie gleich in Tränen ausbrechen.

„Dann fangen wir mal an", sagte sie.

4. KAPITEL, IN DEM WOLKENKUNDE PLÖTZLICH SPAß MACHT

Nach diesem Einstieg hatte keiner noch irgendwelche Erwartungen, aber fünf Minuten später war ihnen allen klar, dass sie sich in Frau Kyrie-Eleis getäuscht hatten. Ihr Unterricht war nämlich viel, viel besser als der von Herrn Simmerling. Bei ihr machte Wolkenkunde auf einmal Spaß.

Herr Simmerling hatte in seinen Stunden immer einen uralten Projektor benutzt, mit dem er Fotos von Wolken an die Wand geworfen hatte. Dazu hatte er dann seine langweiligen Vorträge gehalten.

Das meiste davon war einfach so an Lucy vorbeigerauscht, aber ein bisschen was hatte sie doch mitbekommen. Sie wusste inzwischen, dass es genauso viele unterschiedliche Wolkentypen gab wie Vogel- oder Blumenarten. Und jede Wolke hatte eine andere Bedeutung.

Die kleinen rosa Blinzelwolken waren zum Beispiel nur am frühen Morgen zu sehen und kündigten einen Glückstag an, an dem alles wie am Schnürchen lief. Dunkle Huckepackwolken zogen ein Unheil nach sich. Je nach Himmelsfärbung, Tageszeit und Temperatur konnte das eine leichte Verstimmung oder eine Katastrophe sein. Zerberuswolken deuteten auf eine nahende Überschwemmung hin – oder waren sie das Vorzeichen für einen Wirbelsturm? Lucy konnte sich nicht mehr erinnern. Als Herr Simmerling es ihnen erklärt hatte, hatte sie ihre ganze Kraft und Konzentration dazu

gebraucht, um nicht wegzudämmern und vom Stuhl zu fallen.

Frau Kyrie-Eleis machte eine Art Wolken-Memory mit ihnen. Jeder Schüler bekam eine kleine leuchtende Karte. Auf der Vorderseite war eine Wolke in 3-D zu sehen, die sich wabernd bewegte. Manchmal trieb sie aus dem Bild, aber dann tauchte sie kurz danach am anderen Rand wieder auf.

„Jede Wolkenart gibt es zweimal", erklärte Frau Kyrie-Eleis. „Ich möchte nun, dass ihr den Partner findet, der die gleiche Wolke hat."

Sie durften ihre Bilder dabei aber nicht zeigen,

sondern mussten ihre Wolke mit drei Worten beschreiben. Der Schüler mit der Partnerkarte sollte dann den Namen nennen.

„Ich fang einfach mal an, damit ihr versteht, was ich meine“, sagte Frau Kyrie-Eleis, die eine der Karten behalten hatte. „Fluffig, kugelrund, Abendhimmel.“

Betretenes Schweigen breitete sich im Raum aus. Falls sie diese Wolkenart bei Herrn Simmerling schon besprochen hatten, hatten sie es alle verschlafen.

Zum Glück wurde Frau Kyrie-Eleis nicht sauer. „Erkennt einer die Wolke wieder?“, fragte sie.

Sinje meldete sich. „Ich glaub, ich hab sie.“ Sie wedelte mit ihrer Karte, auf der eine kleine runde Wolke am Abendhimmel zu sehen war, genau wie auf der Karte von Frau Kyrie-Eleis. „Aber ich weiß den Namen nicht.“

„Sie heißt Hallowolke.“ Frau Kyrie-Eleis stand auf und schrieb den Namen an die Tafel. In der Schule für Tag- und Nachtmagie brauchte man dazu keine Kreide. Die Lehrerin fuhr einfach mit ihrem Zeigefänger über die Oberfläche und schon erschienen dort golden schimmernde Buchstaben.

„Das ist ja ein lustiger Name", fand Sinje. „Was für eine Bedeutung hat die Wolke denn?"

„Dazu kommen wir später", sagte Frau Kyrie-Eleis.

Als Nächster sollte Kiran sein Bild beschreiben. Benny, der die Partnerkarte hatte, stotterte verlegen, dass er den Namen ebenfalls nicht kannte.

„Das macht doch nichts." Frau Kyrie-Eleis schrieb auch diesen Namen an. „Ihr seid schließlich hier, um was zu lernen. Machst du weiter, Lucy?"

Lucy starrte auf ihre Karte. Das Wolkengebilde darauf war dünn und lang gezogen, es wirkte irgendwie zerfleddert und glänzte golden. Am unteren Rand des Bildes waren Grasbüschel zu sehen.

„Löchrig", sagte Lucy. „Golden. Gras."

„Carambawolke", erklang es hinter ihr.

Es war Elias, der das gesagt hatte. Als Lucy sich zu ihm umdrehte, sah sie, dass er die gleiche Karte hochhielt.

„Die Carambawolke, sehr richtig!" Frau Kyrie-Eleis wirkte beeindruckt.

Lucy blickte Elias überrascht an. Woher kannte er diese Wolke? Sie war sich ziemlich sicher, dass Herr Simmerling sie noch nie erwähnt hatte. Der Name war so eigenartig, dass sie ihn bestimmt behalten hätte. Außerdem war Elias ja auch erst seit Kurzem in der Schule und hatte nur zwei Wolkenkundestunden mitgemacht.

„Also, das ist echt erstaunlich", sagte Frau Kyrie-Eleis. „Ich hätte, ehrlich gesagt, nicht damit gerechnet, dass ihr diese Wolke schon kennt. Na, Herr Simmerling hat euch anscheinend wirklich gut vorbereitet."

Lucy sah Sinje an, die verstohlen mit den Schultern zuckte. Offensichtlich hatte sie auch noch nichts von dieser Wolke gehört.

„Gut gemacht.“ Frau Kyrie-Eleis nickte Elias zu, dann wandte sie sich an Lucy, die genau vor ihr saß. „Ihr beiden seid jetzt ein Paar.“

Lautes Gekicher in der Klasse. Lucy spürte, wie sie knallrot wurde.

„Ach du liebe Zeit, so hab ich das doch nicht gemeint!“ Frau Kyrie-Eleis wurde ebenfalls rot. „In der heutigen Stunde bildet ihr ein Paar, wollte ich sagen.“

Das ist auch nicht besser, dachte Lucy. Sie hatte überhaupt keine Lust, mit Elias zusammenzuarbeiten. Aber es ließ sich ja wohl nicht mehr verhindern.

Als sich alle wieder beruhigt hatten, konnte Frau Kyrie-Eleis endlich weitermachen.

„Den Namen eurer Wolke kennt ihr ja jetzt“, sagte sie, nachdem alle ihren Teampartner gefunden hatten. „Nun möchte ich, dass jedes Team mehr über sie herausfindet. Welche Ereignisse kündigt die Wolke an? Welche Gefühle löst sie aus? Wann sieht man sie? Wo bildet sie sich? All diese Dinge. Jedes Team erstellt zur nächsten Stunde eine kleine Präsentation zu seiner Wolke. Dadurch lernen wir alle was." Ihr Blick wanderte durch das Klassenzimmer. „Und nun gehen wir in die Bibliothek."

Richtung Sinje fragte sie: „Ja?"

Sinje hatte sich nämlich gemeldet.

„Wer ist mein Partner?", wollte sie wissen.

Frau Kyrie-Eleis sah sie einen Moment verwirrt an. „Richtig", sagte sie dann. „Deine Partnerkarte hatte ja ich. Also, wenn du willst, kannst du dich einfach einem anderen Team anschließen."

Lucys Augen leuchteten auf. Das war ihre Rettung! Mit Sinje an ihrer Seite wäre die Zusammenarbeit mit Elias nicht mehr so ätzend.

Aber bevor sie ihrer Freundin ein Zeichen geben konnte, fuhr Frau Kyrie-Eleis fort: „Oder du machst einfach eine eigene Präsentation zur Hallowolke. Es ist eine sehr interessante Wolke, ich hätte sie eigentlich gerne dabei. Also, wenn es dir nicht zu viel Arbeit ist …"

„Bestimmt nicht", sagte Sinje. „Aua!"

Lucy hatte ihr unter dem Tisch einen Tritt versetzt.

„Ach so", sagte Sinje, die jetzt endlich kapierte, was Lucy wollte. „Also, ich würde doch lieber …"

„Ich finde es toll, dass du das machst!" Frau Kyrie-Eleis hatte sich leider schon abgewandt und ging zur Tür. „Ihr müsst mir den Weg zur Bibliothek zeigen. Ich habe keine Ahnung, wo sie ist."

Sie gingen durch den Sternschnuppengang, in dem unzählige helle Lichter über die Wände und die Decke flitzten, sodass einem ganz schwindlig davon wurde. Danach traten sie in die große Empfangshalle, deren Wände und Boden aus Glas gefertigt waren. Auch die Treppe, die mitten im Raum nach oben führte, war aus Glas. Man nannte sie die *unsichtbare Treppe,* weil die Stufen kaum zu sehen waren. Wenn man sie benutzte, hatte man immer das Gefühl, dass man durch die Luft schritt.

„Wir müssen nach oben“, sagte Sinje, die neben Frau Kyrie-Eleis ging. „Die Bibliothek ist im dritten Stock.“

„Schade, dass wir den Aufzug nicht nehmen können.“ Kiran deutete auf die Metalltür, die hinter der Treppe in die Wand eingelassen war.

„Der lange Lift.“ Frau Kyrie-Eleis lächelte leise. „Den gab es zu meiner Zeit auch schon.“

„Zu Ihrer Zeit?“, fragte Sinje. „Waren Sie auch hier auf der Schule?“

„Natürlich. Aber das ist nun schon einige Jahre her.“

„Wieso wissen Sie dann nicht, wo die Bibliothek ist?“, platzte Nuri heraus.

„Ach, hier ändert sich doch ständig alles. Jedes Jahr verschieben sich die Räume. Wusstest du das nicht?“

Doch, davon hatten sie alle schon gehört. Aber erlebt hatte es noch keiner von ihnen.

„Dann wissen Sie bestimmt auch, wohin der Lift fährt", sagte Lucy.

Der Aufzug faszinierte sie sehr. Die unteren Klassen durften ihn nicht benutzen, er war nur für die älteren Schüler und die Lehrer. Man brauchte spezielle Fähigkeiten, um ihn zu starten, hatte Herr Wohlgemut ihnen bei ihrem ersten Rundgang durch die Schule erklärt. Doch er hatte nicht verraten, wo der Lift hielt. Und warum es nur diesen einen Zugang gab. In den oberen Stockwerken waren keine Aus- und Einstiegsmöglichkeiten. Lucy hatte den Aufzug auch noch nie in Betrieb gesehen.

„Das erfährst du noch früh genug", sagte Frau Kyrie-Eleis.

5. KAPITEL, IN DEM EINE MENGE BÜCHER VORKOMMEN

Frau Kyrie-Eleis schnupperte begierig, als sie die Bibliothek betraten. „Hier riecht es wie früher. Ich liebe diesen Geruch."

Unwillkürlich nahm auch Lucy einen tiefen Atemzug. Die Luft war trocken und ein bisschen staubig. Den leicht modrigen Duft, den die Bücher verströmten, mochte auch sie sehr gerne.

Als sie die Bibliothek das erste Mal besucht hatte, war sie total enttäuscht gewesen. Selbst die Bücherei in ihrer alten Schule war größer gewesen als dieser quadratische Raum, der noch dazu ziemlich niedrig war.

Im Zimmer verteilt standen ein paar kleine Tische, an denen man arbeiten konnte. Die Wände waren bis zur Decke mit Regalen bestückt, auf denen sich die Bücher eng aneinanderpressten.

Aber das war nur die Oberfläche.

„Funktioniert das hier immer noch wie damals?", fragte Frau Kyrie-Eleis.

Ohne eine Antwort abzuwarten, trat sie zu dem kleinen Holzkasten, der neben der Tür angebracht war, und öffnete die Klappe an der Vorderseite.

„Hallo?", rief sie. „Wir brauchen alles zum Thema Wolkenkunde, bitte."

Wenige Sekunden später huschte ein rotes Eichhörnchen aus dem Kasten.

„Tiktik!" Frau Kyrie-Eleis klatschte begeistert in die Hände. „Dass du noch hier bist, hätte ich nicht gedacht."

„Das ist Toktok", sagte Yannick.

„Nein, so was!" Frau Kyrie-Eleis strahlte über das ganze Gesicht. „Tiktiks Enkelin. Als ich dich das letzte Mal gesehen habe, warst du noch ein winziges Eichhörnchenbaby."

Toktok zwinkerte ihr kurz zu, dann sprang sie mit einem großen Satz auf einen der Hebel, die an der Wand angebracht waren, und drückte ihn mit ihrem Gewicht herunter. Und dann noch einmal. Sofort ertönte ein lautes Rumpeln und Rumoren.

Im selben Moment begann eines der Bücherregale an der Wand im Fußboden zu versinken, und an seiner Stelle schoben sich von der Decke weitere Fächer herab, die ebenfalls mit Büchern gefüllt waren.

„Danke, Toktok!" Frau Kyrie-Eleis' mausgraue Augen leuchteten, während sie an das Regal herantrat und ein Buch herauszog.

Schäfchen- und Wolfwolken, lautete der Titel.

Sie schlug es auf und begann, darin zu blättern.

Es war ein Schau-Buch. Wenn man mit den Fingern über die Bilder rieb, schwebten sie nach oben und man konnte sie von allen Seiten betrachten. Klatschte man in die Hände oder blätterte um, verschwanden die Bilder wieder im Buch.

Man konnte auch einfach über ein Wort reiben, das man nicht verstand, dann erschien am Rand eine Erklärung. Und sämtliche Bücher in der Bibliothek waren miteinander verbunden. Sobald man mit den Fingern über die ganze Buchseite strich, begannen im Regal die Bücher zu leuchten und zu summen, in denen es um das gleiche Thema ging.

Frau Kyrie-Eleis rieb mit dem Zeigefinger über das Bild einer dunklen Wolke, die prompt nach oben stieg und sich über ihren Köpfen ausdehnte.

„Das ist eine gefüllte Zottelwolke", sagte die Lehrerin. „Sie ist berüchtigt für plötzliche …"

Bevor sie den Satz beenden konnte, begann es aus der Wolke zu schütten.

Alle Schüler sprangen einen Schritt zurück, nur Frau Kyrie-Eleis blieb stehen und blätterte hastig um. „… Regengüsse“, beendete sie ihren Satz.

Lucy wischte sich das Wasser aus dem Gesicht. „Sollen wir dann mal anfangen?“

„Natürlich.“ Frau Kyrie-Eleis lächelte sie freundlich an. „Macht euch an die Arbeit, hier findet ihr alles, was ihr braucht.“

Mit Toktoks Hilfe fand Lucy drei Bücher über Carambawolken. Wenn sie die bis zur nächsten Stunde alle lesen wollten, hatten sie ganz schön was zu tun.

Elias stand immer noch neben der Tür und starrte Löcher in die Luft. Erst als sich die Teams

auf die Arbeitsplätze im Raum verteilten, gab er sich einen Ruck und kam zu Lucy an den Tisch. Allerdings machte er keine Anstalten, eines der Bücher zu nehmen und mit der Arbeit zu beginnen.

Lucy verwünschte Sinje, die neben Frau Kyrie-Eleis saß und bereits zu schreiben begonnen hatte. Wenn sie zu ihnen ins Team gekommen wäre, hätten sie die Präsentation im Nu fertig gehabt. Und es hätte auch noch Spaß gemacht.

Sie schlug das erste Buch auf und fing an zu lesen. Puh, der Text war vielleicht langweilig. Nach einer Weile warf sie einen Blick auf den Einband, um zu sehen, ob vielleicht Herr Simmerling das Buch geschrieben hatte, aber da stand ein anderer Name. Carambawolken, fand sie heraus, waren häufig in den Savannen am Rio Grande in Brasilien zu sehen. In anderen Teilen der Welt tauchten sie ebenfalls auf, aber nur sehr selten.

Lucy notierte sich den Namen des Flusses. Bei der Präsentation konnten sie ja eine Karte zeigen, auf der die Gegend abgebildet war.

Als Lucy den Kopf hob, sah sie, dass Elias immer noch in die Luft guckte. Unmut wallte in ihr auf. Hatte er vergessen, dass sie sich gerade alle in der Probezeit befanden? Sie selbst wollte die Präsentation jedenfalls so gut wie möglich machen. Aber wenn Elias glaubte, dass sie ihm die ganze Arbeit abnehmen würde, hatte er sich getäuscht.

„Willst du nicht langsam mal anfangen?“, fragte sie gereizt.

Elias zuckte zusammen und griff nach einem der Bücher. „Klar.“

Er rieb sich mit der Hand über die Nase. „Carambawolken“, murmelte er leise. „Wenn ich bloß wüsste …“

„Was?“, fragte Lucy.

„Woher ich das Wort kenne.“

„Wie meinst du das?“

Er zog einen Mundwinkel nach unten. „Der Name war plötzlich in meinem Kopf. Dabei hab ich ihn noch nie zuvor gehört."

„Das kann nicht sein", sagte Lucy. „Wahrscheinlich kannst du dich nur nicht daran erinnern. Und als du das Bild der Wolke gesehen hast, kam die Erinnerung wieder zurück."

„Nee." Er schüttelte den Kopf. „Ich hab das manchmal. Da ist was in meinem Kopf, von dem ich nicht weiß, wie es reingekommen ist."

Hu, das klang ja richtig gruselig!

„Hattest du denn früher schon mal Wolkenkunde?", fragte Lucy. „Oder habt ihr in einem anderen Fach über Wolken gesprochen?"

„Bestimmt nicht. Ich war ja noch nie in einer Schule."

„Du warst noch nie in einer Schule?", rief Lucy. „Soll das ein Witz sein?"

„Mein Vater hat mich bisher zu Hause unterrichtet."

„Verstehe. Dann hat er den Wolkennamen

vielleicht mal genannt. Oder du hast ihn irgendwo gelesen."

Anstelle einer Antwort verzog Elias das Gesicht, als hätte er Kopfschmerzen.

„Wo hast du denn früher gewohnt?", bohrte sie nach. „In Brasilien vielleicht?"

„Brasilien?" Seine hellblauen Augen weiteten sich vor Erstaunen. „Nein, ich komme aus Tibet."

Tibet. Wo lag das gleich noch mal? Zu dumm, dass Sinje am anderen Tisch saß, die hätte es bestimmt gewusst.

„Gibt es da eine Savanne?"

„Eine Savanne?" Sein Blick wurde noch verständnisloser. „Nein, Tibet ist ein Bergland. Wir haben im Süden gewohnt. Mitten im Himalaja."

„Echt?", fragte Lucy ungläubig. „Ist da nicht der Mount Everest?"

„Genau. Der war aber ein ganzes Stück entfernt."

Lucy schluckte. Kein Wunder, dass die

Einladung der Schule so lange gebraucht hatte, um Elias zu erreichen.

„Wieso kannst du eigentlich so gut Deutsch?", fragte sie. „Oder spricht man das auch in Tibet?"

„Natürlich nicht. Mein Vater ist Deutscher."

„Aha. Und warum habt ihr in Tibet gelebt?" Schade, dass man Elias jedes Wort aus der Nase ziehen musste. Lucy war jetzt echt neugierig.

Elias strich gedankenverloren über die Seiten des Buches, das er immer noch in den Händen hielt.

„Mein Vater ist kurz nach meiner Geburt mit mir dorthin gezogen", sagte er dann. Als wäre das eine Erklärung.

„Was ist denn mit deiner Mutter?"

Es war, als ob in Elias' Gesicht plötzlich ein Rollladen nach unten ratterte, er wirkte auf einen Schlag wieder total verschlossen. „Keine Ahnung", sagte er. „Ich hab sie nie kennengelernt." Er klappte sein Buch mit einem leisen

Knall zu und schnappte sich das nächste. Aber so schnell gab Lucy nicht auf.

„Bist du allein von Tibet nach Deutschland zurück? Das ist doch richtig weit weg, oder?“

„Mein Vater ist mitgekommen. Aber nur wegen mir. Weil ich unbedingt hierherwollte.“ Er nagte an seiner Unterlippe, während er in dem Buch blätterte. „Ich hatte schon so viel von der Schule gehört“, flüsterte er.

„Wirklich?“, fragte Lucy. „Von wem?“

Nun hob er den Kopf, aber der Blick, mit dem er Lucy betrachtete, war leer. Als wäre sie gar nicht da.

„Ich weiß es nicht“, murmelte er. „Das war eben auch in meinem Kopf.“

6. KAPITEL, IN DEM ES BLITZT

Der Berg, auf dem Lucy saß, war so hoch, dass man kilometerweit über das Land schauen konnte. Lucy sah eine weite grüne Graslandschaft, auf der Schafe weideten und Giraffen das Laub von den Bäumen zupften. In der Ferne strömte ein breiter Fluss, dahinter reckte sich ein gigantischer Berg in den Himmel.

„Das ist der Mount Everest", sagte Elias, der neben Lucy saß. „Und das war unser Haus." Er drehte sich um und deutete auf eine winzige

Hütte, die an einer Felswand klebte wie ein Schwalbennest.

„Wow!", sagte Lucy. „Wie kommt man denn da hoch?"

Es war nämlich kein Weg zu sehen.

„Es ist sehr gefährlich", sagte Elias. Dann rieb er sich die Schläfen und verzog das Gesicht.

„Hast du Kopfweh?", fragte Lucy.

„Da sind Worte in meinem Kopf", erwiderte Elias. „Jemand hat sie in mich hineingelegt."

„Wer?", fragte Lucy erschrocken.

„Siehst du das denn nicht?" Er drehte den Kopf und schaute sie an. Und in dem Moment, in dem sie in seine leuchtenden Augen blickte, wurde ihr plötzlich alles klar.

Lucy fuhr mit einem leisen Aufschrei aus dem Schlaf. Sie brauchte einen Moment, bis sie wusste, wo sie war: in ihrem Zimmer in der Schule für Tag- und Nachtmagie.

Nur wenige Meter von ihr entfernt lag Sinje,

der Zopf fiel ihr quer über die Wange. Daneben schlief Nuri. Lucys Schrei hatte sie nicht geweckt.

Lucy ließ sich wieder nach unten sinken. Durch die Vorhänge am Fenster fiel sanftes Mondlicht und erhellte den Raum, den sich die drei Mädchen teilten.

Die Schlafzimmer der Tagschüler erinnerten an das Innere einer Wolke. Die Wände, der Boden

und die Decke – alles war weich und kuschelig. Es gab keine Betten, man konnte sich jeden Abend irgendwo anders hinlegen.

Lucy liebte diesen Raum, und normalerweise schlief sie wie ein Bär, kaum dass sie am Abend unter die Bettdecke geschlüpft war. Aber jetzt war sie hellwach, obwohl es noch mitten in der Nacht war.

Was für einen seltsamen Traum sie geträumt hatte! Elias und sie im Himalaja. Als er sie angesehen hatte, war ihr ein Licht aufgegangen. Aber was immer sie da kapiert hatte, war leider weg und kam auch nicht wieder.

Lucy stand auf, ging zum Fenster und blickte hinaus. Der große Garten, der die Schule umgab, sah nachts ganz anders aus als am Tag. Die Blätter der Bäume schimmerten silbrig im Mondlicht wie auf einem alten Schwarz-Weiß-Foto.

Nun teilten sich die Zweige eines Busches. Rufus, der Dachs, der auch der Hausmeister der

Schule war, schlüpfte hervor und hastete mit gesenkter Schnauze über den Hof zur Schule. Er schien wie immer ungeheuer geschäftig.

Lucys Gedanken wanderten zu Nora, die um diese Zeit putzmunter war. Am liebsten wäre sie zu ihr gerannt und hätte ihr von dem seltsamen Traum erzählt. Aber die Nachtklasse hatte jetzt Unterricht, da konnte sie nicht einfach reinplatzen.

Wenn sie nur darauf gekommen wäre, was ihr im Traum aufgefallen war!

Am nächsten Morgen hatte Lucy erst Mathe bei Herrn Wohlgemut und dann Lichtschwimmen. Leider durften sie heute nicht ins Schwimmbecken. Frau Mangold kam zu ihnen ins Klassenzimmer und machte Theorieunterricht. Zuerst schrieb sie die Regenbogenfarben an die Tafel.

„Ihr habt die letzten Male ja schon festgestellt, dass jeder Bereich unterschiedliche

Gefühle auslöst", sagte sie. „Im violetten Licht fühlt man sich am wohlsten."

Sie schrieb *Geborgenheit* hinter das Wort Violett.

„Ich fand es im blauen viel cooler!", rief Yannick. „Da kribbelt es so schön."

Frau Mangold nickte. „Wie würdest du die Empfindung beschreiben?"

„Spannung", sagte Yannick.

„Vorfreude", ergänzte Nuri.

„Und was meinst du, Benny?" Frau Mangold wandte sich an den kleinen Jungen, der mit Kiran und Nuri am Tisch saß.

„Ein bisschen Angst", sagte er so leise, dass man die Antwort kaum verstand.

„Sehr gut." Frau Mangold notierte alle drei Antworten an der Tafel.

Lucy unterdrückte mit Mühe ein Gähnen. Sie hatte gestern Nacht lange gebraucht, bis sie wieder eingeschlafen war, und jetzt war sie todmüde. Verstohlen linste sie zu Elias, der neben ihr saß. Sein Blick war so leer, als ob er mit den Gedanken ganz woanders wäre. Vielleicht im Himalaja, dachte Lucy.

„Was meinst du, Lucy?", fragte Frau Mangold.

„Was?" Lucy riss erschrocken die Augen auf.

„Du warst doch ein Stück im grünen Bereich. Was hast du empfunden?"

Lucy erinnerte sich an das Ziehen in ihrem Arm und Bein und wie gerne sie einfach weitergegangen wäre.

„Sehnsucht", sagte sie.

„Genau!" Frau Mangold schrieb auch dieses Wort auf.

Die übrigen Farben ließen sie noch offen. Frau Mangold wollte nämlich, dass die Klasse ihre eigenen Erfahrungen im Lichtschwimmbecken machte.

„Wir kommen jetzt zu etwas anderem", sagte sie. „Ihr wisst ja, dass die Lichtwellen im Schwimmbad von Prismengläsern ausgelöst werden. Und diese Gläser und ihre Wirkung

wollen wir uns nun näher ansehen. Das einfachste Prismenglas hab ich euch heute mal mitgebracht." Sie holte einen kleinen dreieckigen Gegenstand aus der Tasche und hob ihn hoch. „Kennt jemand vielleicht den Namen?"

Sinjes Hand schoss in die Höhe.

„Sinje?"

„Das ist ein Prima Prisma."

„Richtig." Frau Mangold nickte. „Ein Prima Prisma aus Eisbergkristall. Weißt du auch, was man damit machen kann?"

„Geistesblitze auslösen“, sagte Sinje. Sie wusste echt alles!

„Super!“, lobte Frau Mangold sie. „Dieses magische Prisma separiert die ideellen Farben vom Rest des Lichtspektrums. Dadurch werden Geistesblitze erzeugt, die man als Signale oder zur Warnung einsetzen kann. Es ist die einfachste Form der Lichtteilung, deshalb fangen wir damit an. Wer möchte es mal versuchen?“

Sechs Hände schossen in die Höhe, nur Benny meldete sich mal wieder nicht. Aber ausgerechnet ihn suchte Frau Mangold aus.

Der kleine Junge mit dem dunklen Haarschopf zitterte vor Aufregung, als die Lehrerin ihm das Prisma reichte.

„Keine Angst“, sagte sie freundlich. „Du kannst das.“

Benny sollte ans Fenster treten und das Prisma im Sonnenlicht hin und her drehen. Das war leichter gesagt als getan. Vor lauter Aufregung ließ er das Prisma nämlich dreimal fallen, bevor sich endlich ein Sonnenstrahl darin verfing. Doch dann funktionierte es sofort. Schon bei der zweiten Drehung schoss ein so gewaltiger grüner Strahl aus dem Eisbergkristall, dass die ganze Klasse erschrocken aufschrie.

Benny ließ das Prisma natürlich sofort wieder fallen. Zum Glück ging es nicht kaputt.

Danach durften es auch die anderen versuchen und es klappte bei jedem.

„Am Montag treffen wir uns wieder oben in der Lichtschwimmhalle", sagte Frau Mangold am Ende der Stunde. „Dann dürft ihr den grünen Bereich mal ausprobieren. Ich bringe Schwimmflügel mit, wer weiß, vielleicht kommen wir ja sogar bis ins Gelbe."

Danach klingelte es und erst, nachdem die Lehrerin den Klassenraum verlassen hatte, merkte Lucy, dass das Prima Prisma immer noch auf dem Pult lag. Sie schnappte es sich und rannte Frau Mangold nach, aber die Lehrerin war nirgends mehr zu sehen. Also steckte Lucy den Eisbergkristall ein. Sie würde ihn einfach in der nächsten Lichtschwimmstunde abgeben.

Am Nachmittag ging sie mit Elias in die Bibliothek. Morgen mussten sie ihre Präsentation zu den Carambawolken fertig haben und sie hatten bis jetzt so gut wie gar nichts geschafft.

Lucy hatte so sehr gehofft, dass Elias noch ein bisschen mehr über sich erzählen würde, doch zu ihrer Enttäuschung war er wieder total verschlossen. Und er wusste leider genauso wenig über die Carambawolken wie sie selbst, sodass sie sich die Informationen erst mühsam zusammensuchen mussten. Aber zumindest half er ihr heute und starrte nicht nur die ganze Zeit an die Wand oder ins Leere.

Die Carambawolken, lernten sie, kündigten immer eine große Überraschung an. Das konnte ein plötzliches Unwetter sein oder ein unerwarteter Besuch oder ein wunderbares Geschenk, mit dem man nicht gerechnet hatte. Die Färbung der Wolke gab einen Hinweis auf den Verblüffungsfaktor: Je goldener sie war, desto größer war die Überraschung.

Lucy und Elias schrieben ein paar Texte, die sie ihren Klassenkameraden abwechselnd vortragen wollten, dann wählten sie noch ein paar Bilder und Karten aus. Sie würden die Bücher mit ins Klassenzimmer nehmen, dort konnte man die Abbildungen an die Wand projizieren, sodass sie für alle zu sehen waren.

„Ich glaube, das wird gut." Lucy schlug ihr Buch mit einem lauten Knall zu.

Toktok, das Eichhörnchen, stieß ein warnendes Keckern aus. In der Bibliothek war Lärmmachen verboten.

Elias nickte. „Hoffentlich findet Frau Kyrie-Eleis das auch. Sie ist echt nett, oder?"

„Allerdings", sagte Lucy. „Auf jeden Fall tausendmal besser als Herr Simmerling. Wenn du mich fragst, kann er sich mit dem Gesundwerden ruhig ganz viel Zeit lassen." Sie warf einen Blick auf ihre Uhr. „Es ist gleich halb sechs. Ich hab Sinje versprochen, dass ich sie von der Schattentheater-AG abhole. Danach gehen wir zum Abendessen. Kommst du mit?"

Elias schüttelte den Kopf. „Ich muss erst noch was erledigen."

„Was denn?", fragte Lucy neugierig, aber Elias schien die Frage nicht gehört zu haben. Jedenfalls bekam sie keine Antwort.

7. KAPITEL, IN DEM LUCY UND NORA NICHT AUFESSEN KÖNNEN

Die Schattentheater-AG fand im großen Pavillon im Garten statt. Als Lucy ankam, war die Probe bereits zu Ende, Sinje wartete schon auf sie.

Am Nachmittag hatte es geregnet. Jetzt schien die Sonne und brachte die Luft zum Dampfen und die Wassertropfen auf dem Gras zum Funkeln. Weißer Nebel stieg von der Wiese auf und waberte um die Baumstämme. Das Laub hatte sich in den letzten Wochen gelb, orange und rot verfärbt.

„Das sieht echt krass aus“, sagte Sinje. „Als ob jemand den Garten angezündet hätte.“

In den schräg stehenden Sonnenstrahlen tanzten Hunderte von kleinen Mücken. Ein paar Krähen flogen mit lautem Krächzen vom Schuldach über die Baumwipfel.

„Hoffentlich können wir beide hierbleiben“, sagte Sinje so leise, dass Lucy sie kaum hörte.

Lucy schluckte. „Die können uns nicht wegschicken. Wir gehören doch hierher!“

„Vielleicht machen sie ja eine Ausnahme und lassen doch alle sieben Tagschüler bleiben“, sagte Sinje.

Lucy sparte sich die Antwort. In keinem Jahrgang gab es mehr als zwölf Schüler. So war es immer gewesen und dabei würde es auch bleiben. Zwölf war eine magische Zahl – und die Zahl dreizehn brachte Unglück. Aber das musste sie Sinje nicht erklären. Ihre Freundin wusste genauso gut wie sie selbst, dass jede Hoffnung vergebens war.

Schweigend machten sie sich auf den Rückweg zur Schule. Über ihnen setzte gerade die Dämmerung ein. Der Himmel über den bunten Baumwipfeln wechselte seine Farbe zu einem sanften Lila.

Der Weg schlängelte sich an Büschen und hohen Sträuchern vorbei. Nach dem Regen duftete die Luft wunderbar und überall raschelte und gluckerte es. Leuchtende Schmetterlinge gaukelten über den Weg und ein paar verspätete Hummeln suchten noch hastig nach Nektar, bevor die Sonne unterging.

Obwohl die Schule für Tag- und Nachtmagie mitten in der Stadt lag, herrschte in dem Garten eine Wildnis wie im Urwald.

Auf einmal drangen Stimmen durch das Gebüsch, an dem sie gerade entlanggingen.

„Es ist ja wohl vollkommen klar, von wem die Nachrichten kommen“, zischte jemand. „Sie hat sie dir geschickt!“

Sinje und Lucy hielten inne und wechselten

einen schnellen Blick. Dann legte Sinje den Finger auf die Lippen und trat näher an den Strauch heran. Lucy folgte ihr mit angehaltenem Atem. Wer versteckte sich da?

Sie fuhr überrascht zusammen, als sie die goldenen Haare sah, die durch die Zweige funkelten. Nur eine Person in der Schule für Tag- und Nachtmagie hatte solche Haare.

„Celeste." Sinjes Lippen formten den Namen, ohne dass sie dabei einen Laut von sich gab.

Jetzt war Lucys Neugier wirklich geweckt. Warum war Noras Klassenkameradin um diese Zeit schon hier draußen unterwegs? Die Nachtschüler mussten eigentlich erst um sieben aufstehen. Vor allem aber: Mit wem unterhielt sich Celeste? Die Tochter von Lady Sunshine war immer nur allein zu sehen. Lucy wusste von Nora, dass sie in der Nachtklasse überhaupt keine Freunde hatte.

„Aber was will sie damit bezwecken?", erwiderte eine zweite Stimme. „Das ist doch …"

Der Rest des Satzes war leider nicht mehr zu hören.

Lucy stellte sich auf die Zehenspitzen und reckte den Hals.

Die zweite Person hinter den Sträuchern war ein Stück größer als Celeste und hatte dunkles Haar. Jetzt drehte sie den Kopf ein Stück zur Seite, sodass Lucy das Gesicht im Profil sah.

Sie sog laut die Luft ein.

Es war Elias.

„Elias und Celeste waren total vertraut miteinander", sagte Sinje. „Ich glaube nicht, dass sie sich heute Abend zum ersten Mal getroffen haben."

Sie und Lucy saßen mit Nora und Tarek beim Abendessen und Spätstück. Lucy hatte gerade von ihrer Begegnung im Garten berichtet.

„Er muss sie auf jeden Fall hier in der Schule kennengelernt haben." Nora strich Marmelade auf ihr Brot. „Wenn es stimmt, was er Lucy erzählt hat, dann hat er die letzten Jahre im Himalaja verbracht. Und Celeste hat mit ihrer Mutter hier in Segensberg gewohnt, bevor sie in die Schule für Tag- und Nachtmagie gekommen ist. Sie können sich nicht begegnet sein."

„Worüber haben sie denn geredet?", wollte Tarek wissen.

„Das haben wir nicht so richtig verstanden." Lucy seufzte. „Ob ich Elias mal fragen soll?"

„Kannst du versuchen", sagte Sinje. „Bringt aber vermutlich nichts. Die zwei haben sich doch extra im Garten versteckt, damit sie niemand hört."

Lucy biss in ihr Butterbrot, während ihre Augen gleichzeitig den Speisesaal nach Elias absuchten. Er war allerdings nirgends zu sehen.

Ihr Herz machte einen kleinen Satz, als sie plötzlich Celeste entdeckte, die auf einer Wolke an einem der Fenster vorbeisegelte. Sie war wie immer allein.

Lucy spürte eine große Erleichterung, dass

Elias nicht bei ihr am Tisch saß. Die Verbindung zwischen den beiden gefiel ihr überhaupt nicht. Dabei konnte es ihr doch egal sein, mit wem er sich anfreundete.

„Ich würde so gerne mehr über ihn wissen", sagte sie gedankenverloren. „Wieso ist sein Vater mit ihm ausgerechnet nach Tibet gezogen? Er konnte nicht mal die Landessprache."

„Was ist sein Papa eigentlich von Beruf?", fragte Nora.

„Keine Ahnung", sagte Lucy.

„Wie gut, dass ihr die Wolkenpräsentation zusammen macht", sagte Sinje. „Das ist deine Chance, mehr aus Elias rauszukriegen. Ich bin jetzt nämlich auch richtig neugierig."

„Ich glaube, dass es Elias heute schon wieder leidgetan hat, dass er mir überhaupt irgendwas erzählt hat." Lucy wollte gerade wieder in ihr Brot beißen, als ihre Schwester einen leisen Schrei ausstieß.

„Guckt mal, wer da kommt!", wisperte Nora.

Lucy drehte sich um und sah die kleine Fledermaus, die durch die fliegenden Tische hindurch auf sie zuschwirrte. Einen Moment lang schwebte sie mit weit aufgespannten Flügeln über ihrem Tisch, dann ließ sie sich nach unten plumpsen und landete mitten im Brotkorb.

Muckel, der neben Tareks Teller an einem Apfelschnitz genagt hatte, quiekte erschrocken und sprang mit einem Riesensatz in Tareks Schoß.

„Hoppla!" Tarek legte schützend die Hand über den Siebenschläfer. „Hallo, Ava."

Die Fledermaus riss ihr kleines Maul weit auf und zeigte ihre spitzen Zähne. Dann stieg sie wieder in die Luft und flatterte zwischen Lucy und Nora hin und her.

„Was soll das denn jetzt?", fragte Sinje.

Ava flog neben der Wolke zum Boden, nach ein paar Sekunden kehrte sie wieder zurück zum Tisch.

„Sie will uns irgendetwas sagen", meinte Lucy.

Tarek streichelte Muckel, der sich immer noch angsterfüllt an ihn drückte, obwohl er Ava schon zigmal gesehen hatte und Fledermäuse auch keine Siebenschläfer fraßen. Aber er war eben nicht der mutigste seiner Art.

„Ich glaube, sie möchte, dass ihr mitkommt", sagte Tarek.

Ava flatterte ungeduldig vor ihrer Wolke hin und her, während sie den Tisch zum Ausgang steuerten. Als Lucy und Nora zu Boden sprangen, flog sie sofort los.

Sie folgten der Fledermaus durch den lang gezogenen Gang, der an den Musikräumen vorbei in die Empfangshalle führte. Sie kreuzten den Sternschnuppenflur und rannten immer weiter, bis sie schließlich ziemlich atemlos vor dem Schulsekretariat stehen blieben.

Ava stupste mit der Nase gegen die Tür, dann machte sie einen Looping in der Luft und flog davon.

Lucys Herz begann, aufgeregt zu hämmern, als Nora jetzt anklopfte und eine tiefe Männerstimme zu ihnen herausdrang.

„Herein!"

Hinter dem Schreibtisch, der mitten im

Zimmer stand, saß die Schulsekretärin Frau Spiegel. Ihre orangefarbenen Haare leuchteten im gleichen Ton wie ihre geschminkten Lippen und die langen Fingernägel, mit denen sie auf ihrer Computertastatur herumtippte.

Wenn sie den Raum eine Stunde früher betreten hätten, hätten sie einen jungen Mann mit Vollbart auf ihrem Stuhl vorgefunden. Frau Spiegel war nämlich nur abends und nachts eine Frau, bei Sonnenaufgang verwandelte sie sich in einen Mann.

Niemand in der Schule hatte die Verwandlung je miterlebt, sie musste innerhalb von Sekunden geschehen. Und keiner wusste, wann Herr und Frau Spiegel eigentlich schliefen. Er beziehungsweise sie war ja rund um die Uhr im Einsatz.

„Lucy und Nora Lichtblau!", rief Frau Spiegel mit ihrer Bassstimme. Sie hörte auf zu tippen und klimperte die Mädchen mit ihren langen Wimpern an. „Na endlich!"

„Haben Sie Ava zu uns geschickt?“, fragte Nora.

„Ja.“ Die Sekretärin wies mit einem knallorange lackierten Zeigefingernagel auf die Tür des Direktorats. „Ihr werdet erwartet.“

„Von wem?“ Lucys Herzklopfen wurde noch schneller.

„Von Frau Luna und Herrn Karibu.“

Die Zwillinge wechselten einen aufgeregten Blick. Wieso wollten die Direktorin der Nachtschule und der Direktor der Tagschule sie sehen? Noch dazu gemeinsam? Normalerweise war nur einer von ihnen im Direktorat, je nachdem, ob es Tag oder Nacht war.

„Hast du was ausgefressen?“, raunte Lucy Nora zu.

Nora schüttelte stumm den Kopf.

„Jetzt geht doch erst mal rein“, dröhnte Frau Spiegels Bass. „Wird schon nicht so schlimm werden.“

8. KAPITEL, IN DEM DER CASUS KNACKSUS EIN WUNDER PUNKT IST

Im Direktorat herrschte ein warmes Zwielicht, das der mit Kerzen bestückte Kronleuchter unter der Decke verbreitete. Hinter den hohen Fenstern war inzwischen alles dunkel.

Um den Leuchter herum schwebten zahlreiche Gegenstände einfach so in der Luft: Bücher und Stifte, ein Telefon, ein paar Blumentöpfe, ein Taschenrechner, ein Globus und vieles mehr.

Auf dem Sofa vor dem Fenster saß Herr Karibu

mit einer rundlichen Dame mit grauen Haaren – das war Frau Luna, die DirektorIn der Nachtschule. Zu ihren Füßen lag Pluto und döste vor sich hin.

„Hallo, ihr zwei“, sagte Herr Karibu. „Setzt euch doch bitte.“ Er wies einladend auf die beiden blauen Sessel, die gegenüber dem Sofa standen. „Wollt ihr auch Tee?“

„Nein danke“, sagte Lucy, während sie Platz nahmen.

„Nichts zu danken.“ Das kam nicht von Herrn Karibu, sondern von dem großen schwarzen Raben, der hinter Frau Luna auf der Sofalehne hockte. Uranus konnte sprechen – und das tat er auch sehr gerne. Am liebsten plapperte er dazwischen.

„Ihr müsst keine Angst haben“, sagte Herr Karibu, dem ihre aufgeregten Gesichter nicht entgangen waren. „Es ist nichts Schlimmes passiert.“

„Noch nicht“, krächzte Uranus.

Nora schluckte laut. Lucy hätte gerne ihre Hand festgehalten, aber ihre Sessel standen zu weit auseinander. Also vergrub sie ihre Hände in den Hosentaschen. In der linken Tasche steckte immer noch das Prima Prisma. Sie musste unbedingt daran denken, es Frau Mangold zurückzugeben.

„Ich glaube, wir kommen besser direkt zur Sache." Die Direktorin trank ihren Tee aus, dann stellte sie die Tasse auf den Unterteller und ließ beides los. Das Geschirr schoss wie von einem unsichtbaren Gummiband gezogen nach oben zur Decke, wo es schaukelnd hängen blieb. „Also, unser Alarmsystem hat verdächtige Umtriebe auf dem Schulgelände gemeldet. Alles deutet darauf hin, dass sich hier jemand aufhält, der böse Absichten verfolgt."

„Welches Alarmsystem?", fragte Nora.

„Was für Umtriebe?", fragte Lucy gleichzeitig.

„Die Details tun nichts zur Sache", sagte Herr Karibu schnell. „Ihr wisst ja bestimmt, dass unsere Schule Feinde hat, die die Kräfte der Tag- und Nachtmagie unter ihre Kontrolle bringen wollen."

„Lady Sunshine", sagte Lucy.

„Zum Beispiel", krächzte Uranus.

„Ist Lady Sunshine hier eingedrungen?", fragte Nora aufgeregt.

„Natürlich nicht", sagte Frau Luna ruhig. „Wir kennen Claire Ensberg – oder Lady Sunshine, wie sie auch genannt wird. Es würde ihr nicht gelingen, sich hier Zutritt zu verschaffen."

„Aber sie hat den Eindringling geschickt", sagte Nora.

„Es ist möglich, dass er in ihrem Auftrag handelt oder mit ihr zusammenarbeitet", sagte Frau Luna. „Es kann aber auch eine ganz andere Erklärung für alles geben."

„Leider ist es unseren Wächtern bislang nicht gelungen, die Ursache der Störung auszumachen", ergänzte Herr Karibu.

„Wir wissen, dass wir nichts wissen. So sieht's

aus." Der Rabe spreizte die schwarzen Flügel und warf einen Blick darunter, als vermutete er dort den mysteriösen Eindringling.

„Was sind das für Wächter?", erkundigte sich Nora. „Meinen Sie Pluto und Rufus?"

Der Hund hob den Kopf und hechelte erwartungsvoll. Offensichtlich hatte er seinen Namen gehört und rechnete nun mit einer Streicheleinheit. Toller Wächter!

„Unter anderem." Herr Karibu streckte sich, pflückte eine Teekanne aus der Luft und schenkte sich Tee nach. „Wie schon gesagt, die Details tun jetzt nichts zur Sache."

„Wieso haben Sie uns hierhergeholt?", fragte Lucy.

Frau Luna strich sich über das graue Haar. „Es ist eine reine Vorsichtsmaßnahme und vermutlich vollkommen übertrieben. Aber ihr wisst ja, dass eure Eltern sich versteckt halten."

„Ja." Nora nickte. „Damit Lady Sunshine Mama nicht findet."

Lucy rutschte unruhig auf ihrem Sessel hin und her. Ob sie jetzt mehr über ihre Eltern erfahren würden? Sie waren beide Lehrer in der Schule für Tag- und Nachtmagie gewesen, bevor sie vor fünf Jahren plötzlich untergetaucht waren. Frau Luna und Herr Karibu wussten, warum sie sich versteckten – auch wenn sie ihren genauen Aufenthaltsort nicht kannten. Aber bisher hatten sie Lucy und Nora so gut wie nichts verraten.

„Nun ja, die Gründe dafür sind vielschichtig." Die Direktorin griff nach dem Zuckerstreuer über ihrem Kopf und reichte ihn Herrn Karibu. Wieder wich sie ihnen aus. Es war zum Verrücktwerden!

„Es ist möglich, dass die seltsamen Umtriebe in der Schule auf euch abzielen", sagte Herr Karibu, während er Zucker in seinen Tee rührte.

„Ihr seid der Casus knacksus", krächzte Uranus.

„Der ... was?", fragte Nora.

„Nur wenn ihr in Sicherheit seid, sind es eure Eltern auch", erwiderte der Rabe. „Ihr seid also ihr wunder Punkt ..."

„Es reicht jetzt!" Ohne sich zu dem Raben umzudrehen, packte Frau Luna seinen Schnabel und drückte ihn zusammen. „Ihr müsst keine Angst haben. In der Schule seid ihr sicher."

„Mmmmh mmmmh mmmhmmmmm!" Uranus war nicht still zu kriegen, aber leider auch nicht mehr zu verstehen.

Lucy hätte zu gerne gehört, was er zu sagen hatte. Der Rabe war um einiges mitteilungsfreudiger als ihre Schulleiter.

„Genauso ist es." Herr Karibu ließ den Teelöffel los, worauf er nach oben zur Decke flutschte. „Bis wir die Störung identifiziert und beseitigt haben, solltet ihr das Schulgelände – also die Villa und den Garten – nicht verlassen."

„Das heißt, dass ihr erst mal nicht zu euren Verwandten könnt", fuhr Frau Luna fort.

Lucy und Nora sahen sich an. Keine Besuche bei Tante Julia und Onkel Andreas. Das war natürlich schade, Tante Julia hatte nämlich im Sommer ein neues Baby bekommen. Die kleine Tina war echt süß. Genau wie ihre Brüder Tim, Tom und Ture. Aber andererseits war es auch superlaut und chaotisch bei den Sanders, wie Tante Julia und Onkel Andreas mit Nachnamen hießen. Nach einem Wochenende bei ihnen klingelten einem die Ohren von dem vielen Geschrei.

„Das ist schon okay", sagte Nora großzügig. „Ist ja nicht für immer."

„Ganz bestimmt nicht." Herr Karibu trank einen Schluck Tee. „Also, wenn euch in der nächsten Zeit irgendetwas auffällt oder seltsam vorkommt, sprecht bitte mit uns oder einem eurer Lehrer."

„Und zwar sofort", ergänzte Frau Luna. „Ist das klar?" Ihre warmen grauen Augen, die von winzigen Lachfältchen umrandet waren, musterten Lucy und Nora eindringlich.

„Klar." Lucys Stimme klang fast so krächzend wie die von Uranus.

„Machen wir", sagte Nora.

„Ist in letzter Zeit irgendwas Besonderes passiert?", fragte Herr Karibu.

Lucy und Nora wechselten erneut einen Blick, und Lucy wusste, dass sie beide an Elias dachten. Er war nicht nur neu in der Schule, sondern er kannte auch Lady Sunshines Tochter Celeste. Ob Frau Luna und Herr Karibu davon wussten?

Lucy räusperte sich, aber irgendwie brachte sie es nicht über sich, Elias zu verraten. Wenn er nun unschuldig in Verdacht geriet und von der Schule flog …

„Nein", sagte sie laut. „Nichts."

„Warum hast du ihnen nichts von Elias erzählt?", fragte Nora, als sie durch den Sternschnuppengang zurückgingen. „Mit dem stimmt doch was nicht."

„Ich glaube aber nicht, dass er böse ist", sagte Lucy.

„Du kennst ihn doch gar nicht." Nora schüttelte den Kopf. „Außerdem: Wenn sie ihn rausschmeißen, dürft ihr anderen alle bleiben."

Lucy zögerte. „Ich will aber nicht, dass sie ihn rausschmeißen", sagte sie leise.

Jetzt waren sie in der Empfangshalle angekommen. Nora musste in den zweiten Stock zu ihrem Klassenzimmer und für Lucy war Schlafenszeit.

„Ich weiß nicht, ob das richtig ist." Noras Stimme war voller Unbehagen. „Frau Luna und Herr Karibu haben gesagt, dass wir Verdächtiges sofort melden sollen."

„Aber hier in der Schule sind wir sicher,

das haben sie auch gesagt", meinte Lucy. „Wir warten noch bis morgen, okay?" Bevor ihre Schwester widersprechen konnte, hatte sie sich schon in Bewegung gesetzt und rannte in Richtung Seitenflügel davon.

9. KAPITEL, IN DEM ALARMSTUFE ROT HERRSCHT

Lucy träumte auch in dieser Nacht von Elias. Sie saßen wieder auf dem Berg im Himalaja und schauten auf die Ebene vor dem Mount Everest. Das war jedoch alles, an das sie sich am nächsten Morgen noch erinnern konnte.

Beim Frühstück spürte sie die ganze Zeit Noras wachsame Blicke. Lucy war froh, dass ihre Schwester sie nicht auf Elias ansprechen konnte, solange Sinje und Tarek dabei waren. Sie hatten Frau Luna und Herrn Karibu nämlich versprechen müssen, mit niemandem über die verdächtigen Vorgänge zu reden. „Vermutlich zerbrechen wir uns vollkommen umsonst den Kopf", hatte Herr Karibu gesagt. „Vielleicht handelt es sich um falschen Alarm. Wir wollen jedenfalls keine Panik in der Schule auslösen."

In der ersten Stunde hatten sie Wolkenkunde bei Frau Kyrie-Eleis. Normalerweise wäre Lucy ziemlich aufgeregt gewesen, aber die Präsentation war ihr jetzt total egal. Sie brannte nur darauf, Elias wiederzusehen. Sie würde die erste Gelegenheit nutzen, um ihn auf Celeste anzusprechen. Und wenn er keine gute Erklärung hatte oder ihr auswich, dann … mal sehen, dachte sie.

Der Wolkenkunderaum schien heute noch düsterer als sonst. Elias' Platz war leer, als Lucy und Sinje das Zimmer betraten. Und er blieb auch leer, bis Frau Kyrie-Eleis in den Raum kam.

„Wo ist denn Elias?" Die Lehrerin war an diesem Morgen nicht mehr ganz so blass wie am ersten Tag. Ihre Wangen waren leicht gerötet, das passte wunderbar zu dem roten Kleid, das sie anhatte.

„Keine Ahnung", sagte Yannick. „Als ich aufgewacht bin, war er schon aufgestanden."

„Er war auch nicht beim Frühstück", sagte Kiran.

„Das ist ja seltsam …" Frau Kyrie-Eleis hob irritiert die Augenbrauen. „Weiß irgendjemand von euch, wo er sein könnte?" Ihr Blick glitt von einem Gesicht zum anderen.

Sinje hob die Hand. „Lucy und ich haben Elias gestern vor dem Abendessen noch im Garten gesehen", sagte sie. „Er hat sich mit Celeste aus der Nachtklasse unterhalten."

„Mit Celeste?", fragte Frau Kyrie-Eleis. „Bist du dir sicher?"

„Ganz sicher", sagte Sinje und Lucy nickte.

„Ich muss das melden." Frau Kyrie-Eleis ging mit großen Schritten zur Tür. „Ihr beschäftigt euch bitte in Ruhe mit eurer Präsentation. Bin gleich wieder zurück."

Elias tauchte den ganzen Vormittag nicht auf.

„Vielleicht ist er nach Hause zu seinem Vater", überlegte Sinje. Sie und Lucy saßen auf dem Pausenhof unter der großen Trauerweide.

„Da haben die garantiert schon angerufen", sagte Lucy. „Und dann hätten sie es uns gesagt."

„Stimmt auch wieder. Das ist echt komisch." Sinje streckte die Hand aus, um Pluto zu sich zu locken, der gerade über den Hof rannte. Aber der Hund hastete mit gesenkter Schnauze an ihnen vorbei.

Über ihnen erklang ein lautes Krächzen. Als Lucy den Kopf hob, sah sie einen Krähenschwarm, der über dem Garten seine Runden drehte. Es waren auch ungewöhnlich viele Schmetterlinge in der Luft.

Waren das die Wächter, von denen Herr Karibu gesprochen hatte? Lucy spürte einen kalten Schauer über ihren Rücken laufen. In der Schule herrschte höchste Alarmbereitschaft, so viel stand fest.

Lucys Unruhe wurde immer größer. Nach Schulschluss ging sie nicht mit den anderen in den Aufenthaltsraum, sondern in den Garten. Sie lief die verschlungenen Wege auf und ab und spähte hinter jeden Baum, unter jeden Busch, in jedes Blumenbeet. Obwohl ihr klar war, dass das sinnlos war. Wenn Elias sich hier irgendwo versteckte, hätten Pluto oder die Krähen ihn längst entdeckt.

Am liebsten wäre Lucy in den Wohntrakt der Nachtschüler gelaufen und hätte Nora geweckt. Ihre Schwester wusste ja noch gar nicht, dass Elias weg war. Doch die Schlafräume der Nachtschüler waren für die Tagschüler tabu – und umgekehrt. Und was hätte Nora auch tun sollen?

Sie hätte ihr höchstens Vorwürfe gemacht – und zwar zu Recht. Wenn Lucy gestern Abend im Direktorat erzählt hätte, dass sich Elias mit Celeste getroffen hatte, wäre er vielleicht gar nicht erst verschwunden.

Von einer großen Wiese, die zwischen hohen Eichen und Ulmen lag, drang das laute Krächzen der Krähen zu ihr herüber. Aber diesmal war der Himmel leer, als Lucy nach oben blickte.

Jedenfalls war kein Vogel zu sehen. Dafür aber etwas anderes, das Lucys Atem zum Stocken brachte.

10. KAPITEL, IN DEM LUCY EIN LICHT AUFGEHT

Über den Ästen einer gelb verfärbten Ulme schwebte eine strahlend goldene Wolke am blauen Abendhimmel. Sie war ganz lang, sehr dünn und an den Rändern irgendwie ausgefranst.

„Die Carambawolke", flüsterte Lucy aufgeregt.

Das war wirklich seltsam. Lucy hatte ja gelernt, dass diese Wolkenart hauptsächlich in den Savannen Brasiliens zu sehen war. Aber nun schwebte eine hier über dem Garten.

Je goldener die Färbung der Carambawolke war, desto größer war die Überraschung, die sie ankündigte. Und diese Carambawolke hätte kaum goldener sein können.

Beim Abendessen brachen Lucy und Nora das Versprechen, das sie Herrn Karibu und Frau Luna gegeben hatten. Sie erzählten Sinje und Tarek von ihrem Gespräch im Direktorat. Beide waren überzeugt, dass Elias die seltsamen Schwingungen verursacht hatte, die das Alarmsystem ausgelöst hatten.

„Er ist erst vor Kurzem hier aufgekreuzt", sagte Tarek. „Das ist doch kein Zufall."

„Und er kennt Celeste", fügte Sinje hinzu.

„Es ist auch ziemlich klar, dass er was verheimlicht", sagte Nora.

„Und wieso ist er dann verschwunden?", fragte Lucy.

Dafür hatten die anderen leider auch keine Erklärung.

Jetzt lag Lucy im Bett und war sich sicher, dass sie keinen Schlaf finden würde. Doch kaum, dass sie die Augen geschlossen hatte, dämmerte sie auch schon weg. Und begann zu träumen.

Diesmal stand sie allein auf dem Felsen im Himalaja. Elias war nirgends zu sehen.

„Elias?“, schrie Lucy. „Wo bist du? Hörst du mich? Kannst du mich sehen?“

Ihre Stimme hallte von den hohen Felswänden wider. Sie bekam keine Antwort. Aber als sie sich umdrehte, stand da ein Mädchen mit goldblonden langen Haaren und frostigem Blick.

„Celeste!“, rief Lucy erschrocken.

Die Schülerin trat noch einen Schritt näher, sodass sie sich fast berührten.

„Vergiss es!“, sagte Celeste mit ihrer eiswürfelkalten Stimme. „Elias gehört zu mir.“

„Warum gehört er zu dir?“, fragte Lucy.

„Siehst du das denn nicht?“, fragte Celeste zurück. Dann streckte sie die Arme aus und versetzte ihr einen heftigen Stoß, sodass Lucy nach hinten taumelte. Sie fiel über die Felskante und stürzte in die Tiefe.

Mit einem Ruck wachte Lucy auf.

Sie war nass geschwitzt und zitterte am ganzen Körper. In ihrem Zimmer war alles dunkel, Sinje und Nuri schliefen tief und fest.

Lucy warf einen Blick auf die Leuchtziffern ihrer Uhr. Mitternacht.

Celestes seltsame Worte echoten immer noch durch ihren Kopf. *Er gehört zu mir. Siehst du das denn nicht?*

„Natürlich", wisperte Lucy. „Wie konnte ich nur so blind sein!"

Im Dunkeln schlüpfte sie in ihre Klamotten, dann verließ sie auf Zehenspitzen das Zimmer. Ihre Schuhe hallten laut auf dem alten Steinboden, als sie durch den Seitenflügel ins Hauptgebäude rannte. Doch es waren nicht nur ihre eigenen Schritte, die sie hörte. Da war noch etwas anderes. Jemand folgte ihr.

Abrupt blieb Lucy stehen und lauschte. Nun war alles still. Sie hatte sich wohl getäuscht.

Auf der Glastreppe wäre Lucy fast ausgerutscht. Im letzten Moment konnte sie sich fangen. Wenn sie gefallen wäre, wäre sie in dem unsichtbaren Netz gelandet, das die Treppe umgab. Es dauerte jedoch immer eine Weile, bis man aus dem Netz wieder zurück auf die Stufen gekrabbelt war.

Und Lucy hatte keine Zeit. Sie musste mit Nora reden.

Vor dem Klassenzimmer der Nachtklasse hielt sie keuchend inne. Und jetzt? Wenn sie einfach in den Raum stürmte, würde Noras Lehrerin sie mit Sicherheit zurück ins Bett schicken.

Während sie noch darüber nachdachte, ging die Tür plötzlich auf. Im letzten Moment rettete sich Lucy in ein Versteck: Sie drückte sich eng in die Türnische des Nachbarzimmers und hielt die Luft an.

Einen Moment später rannte eine junge Frau mit wippendem Pferdeschwanz an ihr vorbei. Frau Opal, Noras Klassenlehrerin. Sie hatte es zum Glück so eilig, dass sie Lucy nicht zur Kenntnis nahm.

Die Tür zum Klassenzimmer war jetzt wieder zu. Lucy huschte über den Flur und öffnete sie einen Spaltbreit.

Nora und Tarek saßen an einem Tisch gleich neben der Tür, das war schon mal gut. Leider war Nora ganz auf ihr Heft konzentriert, sie bemerkte Lucy gar nicht. Tarek guckte auch nicht in ihre Richtung. Er war damit beschäftigt, Muckel zu streicheln.

Lucy kaute an der Innenseite ihrer Wange. Wie sollte sie Nora auf sich aufmerksam machen, ohne dass der Rest der Klasse es mitbekam?

Sie ließ den Blick durch das Zimmer wandern, über die anderen vier Kinder, die alle in ihre Arbeit vertieft waren. Celeste saß allein an einem Tisch. Als ob sie Lucys Blick gespürt hätte, hob sie plötzlich den Kopf und starrte sie an. Ihre hellblauen Augen durchbohrten Lucys Stirn, sie schienen förmlich in sie einzudringen. Lucy wurde eiskalt.

„Was macht die denn hier?", fragte Celeste laut.

Nun bemerkte sie natürlich auch der Rest der Klasse.

„Lucy!" Nora sprang so hastig auf, dass sie fast ihren Stuhl umwarf. „Ist was passiert?"

„Komm mal raus", sagte Lucy. „Ich muss dringend mit dir reden."

Die Zwillinge traten in ein Klassenzimmer am Ende des Flurs, das gerade leer war. Dort erzählte Lucy ihrer Schwester von ihrem Traum.

„Das ist ja gruselig", sagte Nora, als sie fertig war. „Aber es war nur ein Traum. Wieso bist du extra ..."

„Die Augen", unterbrach Lucy ihre Schwester.

„Was?"

„Elias' Augen. Sie sehen genauso aus wie die von Celeste."

Nora schwieg einen Moment lang. Wahrscheinlich musste sie sich Elias erst in Erinnerung rufen, sie hatte ihn ja nur ein- oder zweimal gesehen.

„Na ja", flüsterte sie dann. „Meine Augen sind auch blau ..."

„Aber viel dunkler." Lucy dachte an den frostblauen Blick, mit dem Celeste sie gerade eben angesehen hatte. „Die Augen von Elias und Celeste sehen exakt gleich aus."

„Und was bedeutet das?", fragte Nora.

Bevor Lucy antworten konnte, hörten sie schnelle Schritte auf dem Flur. Die Tür des Zimmers stand halb offen, man konnte die Zwillinge vom Gang aus sehen.

Lucy packte ihre Schwester und zog sie dicht an die Wand.

„Olivia!", rief eine Frauenstimme. Sie klang vertraut, aber Lucy konnte sie nicht einordnen. „Wo kommst du denn her?"

„Ich war eben kurz im Direktorat", erwiderte eine andere weibliche Stimme. „Es gibt immer noch nichts Neues."

„Frau Opal." Noras Lippen formten die beiden Worte fast lautlos.

„Ich dachte, der Junge wurde im Wolkenzimmer gefunden", sagte die erste Stimme.

Lucy und Nora blickten sich verwundert an. Wo war denn das Wolkenzimmer? Davon hatten sie ja noch nie gehört.

„Wer hat das erzählt?", fragte Frau Opal ungläubig. „Das Wolkenzimmer wurde doch längst überprüft. Wie soll er auch da hochgekommen sein? Es gibt nur wenige hier, die den langen Lift bedienen können."

„Dann bin ich wohl falsch informiert." Die andere Frau klang enttäuscht. Verflixt, woher bloß kannte Lucy ihre Stimme?

Frau Opal räusperte sich. „Ich muss jetzt zurück in die Klasse. Ach, es ist alles so beunruhigend. Hoffentlich taucht der Junge bald wieder auf."

Die Zwillinge sahen sie an der offenen Tür vorüberhasten und kurz danach erschien eine Frau in einem roten Kleid im Türspalt.

„Das war Frau Kyrie-Eleis", flüsterte Lucy, als die Wolkenkundelehrerin wieder verschwunden war. „Die Vertretung von Herrn Simmerling."

„Ich frag mich, wo dieses Wolkenzimmer ist, von dem sie geredet hat", sagte Nora.

„Ich glaube, dass der lange Lift dorthin führt", wisperte Lucy.

„Aber da ist Elias ja nicht." Nora zuckte mit den Schultern. „Ich muss zurück in die Klasse", sagte sie dann.

„Okay." Lucy nickte. „Und ich geh mal wieder schlafen. Oder versuch es zumindest."

Während Nora zum Klassenzimmer eilte, lief Lucy die unsichtbare Treppe hinunter. Wieder hatte sie das Gefühl, dass ihr jemand folgte, aber diesmal blieb sie nicht stehen, sondern rannte bis in die Empfangshalle.

Sie wollte gerade quer durch den Raum zum Seitengebäude gehen, als sie ein seltsames Schnarren hörte. Es kam von der hinteren Wand. Ihr Blick fiel auf die Metalltüren des langen Lifts, die sonst immer geschlossen waren.

Jetzt standen sie weit offen.

Lucy warf einen hastigen Blick über die Schulter. Die Halle war leer, weit und breit war niemand zu sehen. Wieso war der Aufzug auf einmal auf? Wartete er auf jemanden?

„Vielleicht auf mich", flüsterte sie.

Sie holte tief Luft und trat entschlossen in die Kabine.

Ihre Augen suchten die Stahlwände des Lifts ab. Über ihr brannte eine runde Lampe, aber nirgends war ein Knopf, mit dem man den Aufzug in Bewegung setzen konnte.

Das war auch gar nicht nötig. Denn jetzt schlossen sich die Metalltüren wieder mit demselben schnarrenden Geräusch. Der Fahrstuhl rumpelte ein bisschen, dann fuhr er los.

11. KAPITEL, DAS IN DEN WOLKEN SCHWEBT

Der lange Lift trug seinen Namen zu Recht. Er fuhr immer weiter und weiter in die Höhe. Lucys Gefühl nach musste er das Dach der Schule längst hinter sich gelassen haben, aber er hielt trotzdem nicht an. Als ob der Fahrstuhlschacht aus der Schule heraus in den Himmel führte.

„Das ist total verrückt", murmelte Lucy.

Plötzlich kam die Kabine mit einem leichten Ruck zum Stehen. Wieder schnarrten die Türen leise, als sie auseinanderglitten.

Draußen herrschte ein dichter Nebel, der von

einem schwachen, diffusen Licht erleuchtet wurde.

Das musste das Wolkenzimmer sein, von dem die Lehrerinnen gesprochen hatten. Lucy spähte in das graue Gewaber.

Kühle Luft strömte durch die offenen Türen. Fröstelnd rieb sie ihre Oberarme.

Dann machte sie einen entschlossenen Schritt über die Türschwelle – und stieß gleich danach einen erschrockenen Schrei aus. „Huch!"

Der Boden fühlte sich an, als wäre er aus Watte. Ihre Füße sanken ein Stück darin ein. Es war ganz schön anstrengend, sie wieder herauszuziehen und einen weiteren Schritt zu machen.

Die Luft war so feucht, dass der Dunst ihre Haut benetzte.

Und auf einmal wurde Lucy alles klar. Das Wolkenzimmer befand sich hoch oben im Himmel, im Inneren einer Wolke.

Im selben Augenblick ertönte hinter ihr

wieder das leise Schnarren. Sie fuhr herum und sah gerade noch, wie sich die Fahrstuhltüren schlossen und die Kabine langsam im Wolkenboden versank. Sekunden später war der Lift verschwunden.

Lucy schluckte. Nun saß sie fest. Ohne den Aufzug kam sie nicht zurück zur Schule. Hier oben gab es unter Garantie keinen Notausgang.

„Hallo?", rief sie, aber ihre Stimme war nur ein leises Krächzen. Sie räusperte sich und probierte es erneut. „Ist hier jemand?"

Sie lauschte atemlos. Wie still es hier oben war! Kein Vogel zwitscherte, keine Biene summte. Sie spürte noch nicht einmal einen Windhauch. Da war nur dieses fahle, kühle Licht, das durch die Wolkenmassen schien.

Doch dann hörte sie eine Jungenstimme.

„Wer ist denn da?", rief Elias.

„Ich bin's, Lucy!", schrie Lucy, während sie losstolperte.

Sie kämpfte sich mühsam durch das weiche Gewaber. Bewegte sie sich auf Elias zu oder entfernte sie sich etwa von ihm? In dem nebligen Wolkenraum hatte man keine Orientierung. Rechts, links, oben, unten – alles sah total gleich aus.

„Wo bist du?", rief sie. „Ich kann dich nicht finden!"

„Hier!", erwiderte Elias und im selben Moment sah sie ihn.

Er hockte nur ein paar Meter von ihr entfernt auf dem weichen Boden, die Beine hatte er an den Körper gezogen und hielt sie mit den Armen umschlungen.

„Was machst du denn hier?", fragte er ungläubig.

„Und du?", fragte Lucy zurück. „Wieso versteckst du dich? Die ganze Schule sucht nach dir."

„Ich versteck mich nicht." Elias schüttelte den Kopf. „Ich bin mit dem Lift hier hochgefahren.

Und nun komm ich einfach nicht mehr runter."

„Genau wie ich." Lucy ließ sich neben ihm zu Boden sinken. Die Wolke war gar nicht so nass, wie sie erwartet hatte.

„Ich hatte wieder einen dieser Träume", sagte Elias. „Die Stimme hat mir gesagt, dass ich in die Empfangshalle gehen und mit dem Aufzug nach oben fahren soll. Dort würde ich dann endlich die Antworten auf alle meine Fragen bekommen. Und so war es auch. Also, ich meine, ich bin aufgewacht, in die Halle gegangen und da wartete schon der Lift auf mich."

„Und was ist dann passiert?"

„Nichts. Als ich ausgestiegen bin, ist der Aufzug direkt wieder abgefahren. Hier oben war niemand. Es stand nur ein Tablett mit Essen da." Elias zeigte auf den großen silbernen Teller vor ihm, auf dem noch ein einsames Sandwich und ein Apfel lagen. „Und bei dir?"

„Es war ähnlich", sagte Lucy. „Ich hatte auch

einen komischen Traum. Danach konnte ich nicht mehr schlafen und bin in die Nachtschule, um Nora davon zu erzählen. Als ich zurück in die Halle kam, war der Lift auf. Und weil ich vorher gehört habe, dass du vielleicht hier oben bist, bin ich eingestiegen."

Elias nickte langsam. Lucy konnte fast sehen, wie die Gedanken in seinem Kopf durcheinanderrasten. Sie stützte ihr Kinn auf die angezogenen Knie und sah ihm fest ins Gesicht.

„Wer bist du wirklich?", fragte sie. „Und woher kennst du Celeste?"

Sie hörte, wie Elias tief Luft holte.

„Sie ist meine Schwester", erwiderte er leise.

12. KAPITEL, IN DEM ES EINIGE ÜBERRASCHUNGEN GIBT

„Was?" Lucys Stimme war hell vor Erstaunen. „Aber das heißt ja …", sie musste mitten im Satz schlucken, „dass du Lady Sunshines Sohn bist."

„Genau", erwiderte Elias. „Celeste und ich haben verschiedene Väter, aber dieselbe Mutter."

„Weiter", sagte Lucy. „Ich will alles wissen."

Elias verschränkte die Hände im Nacken. „Als Dad meine Mutter zum ersten Mal gesehen hat, hat er sich sofort in sie verliebt. Weil sie so schön und klug war. Aber es ging nicht lange gut mit den beiden."

„Ist dein Papa auch ein Magier?", fragte Lucy.

„Nee." Elias schüttelte den Kopf. „Dad ist Taxifahrer."

„Und warum ging es nicht gut mit ihnen?"

„Sie hatten einfach überhaupt nichts gemeinsam. Außer mich natürlich. Mein Dad hat bald gemerkt, dass Claire – also Lady Sunshine – nicht sehr nett war. Und dass sie ihn loswerden wollte, weil sie mich ganz für sich allein wollte. Aber Dad wollte mich ihr nicht überlassen. Deshalb ist er bei Nacht und Nebel mit mir geflüchtet."

„Nach Tibet", sagte Lucy.

„Genau. Taxifahren ging dort natürlich nicht, aber mein Dad hatte ein bisschen Geld gespart und in Tibet braucht man auch nicht viel."

„Es muss schrecklich einsam für euch gewesen sein", sagte Lucy

„Ach, es ging. Es gab noch ein paar andere

Bergbauern, die hatten auch Kinder. Wir sind viel geklettert – und es gab ja auch eine Menge im Haus und im Garten zu tun. Dad hat mich unterrichtet."

„Und dann?", fragte Lucy.

„Kam die Einladung von der Schule bei uns an. Ein Kranich hat den Brief vorbeigebracht. Ich hab keinen blassen Schimmer, wie der uns da oben gefunden hat. Aber ich wusste sofort, dass ich unbedingt auf diese Schule will."

„Dein Vater war bestimmt nicht begeistert davon", sagte Lucy.

„Ganz und gar nicht. Am Ende hat er jedoch zugestimmt und wir sind wieder zurückgezogen." Elias seufzte. „Tja, und jetzt bin ich hier."

„Und Celeste? Woher kanntest du sie?", fragte Lucy.

„Ich hab von ihr geträumt", sagte Elias. „Von ihr und von Claire, meiner Mutter. Und von anderen Dingen. Ich hab von Sachen geträumt, von denen ich überhaupt nichts wusste."

„Wie zum Beispiel von der Carambawolke", sagte Lucy.

„Genau." Er nickte. „Oder von dieser Schule. Ich war überzeugt davon, dass ich langsam verrückt werde. Aber inzwischen weiß ich, dass meine Mutter mir die Träume schickt."

„Hat Celeste dir das erzählt?"

Elias nickte. „Ich hab immer geglaubt, dass meine Mutter tot ist. Erst hier in Segensberg hat Dad mir gesagt, dass sie ebenfalls in dieser Stadt wohnt. Am Anfang war ich wütend auf ihn, aber so langsam verstehe ich, warum er mich von ihr fernhalten wollte."

„Hast du sie getroffen?", fragte Nora.

„Nur im Traum", sagte Elias.

„Wenn sie dir im Traum von dieser Schule erzählt hat, dann wollte sie, dass du hierherkommst", sagte Lucy.

Ob Lady Sunshine Elias dazu angestiftet hatte, die Schule auszuspionieren? Womöglich gegen seinen Willen?

„Ich weiß." Elias ließ den Kopf hängen. „Aber ich wollte es auch. Ich gehöre hierher, da bin ich mir sicher."

Lucy nickte. Das Gefühl kannte sie nur zu gut.

„Und wie hat Celeste reagiert, als du plötzlich hier aufgekreuzt bist?", wollte sie wissen.

Elias zuckte mit den Schultern. „Ich habe keinen blassen Schimmer, was in ihr vorgeht. Ob sie vorher schon wusste, dass sie einen Bruder hat. Sie ist ein Jahr jünger als ich. Als sie geboren wurde, waren wir schon weg. Ich glaube, Celeste und Claire verstehen sich nicht allzu gut. Aber auch da bin ich mir nicht sicher."

Lucy dachte an ihre eigenen Träume. Ob sie ebenfalls von Lady Sunshine kamen? Der Gedanke gefiel ihr ganz und gar nicht.

„Warum hat deine Mutter dich hier hochgelockt?", fragte sie.

„Keine Ahnung." Elias sah sich um. „Ich warte die ganze Zeit darauf, dass sie hier auftaucht."

„Sie kann das Schulgelände nicht betreten", sagte Lucy. „Wir sind hier sicher."

„Aber ohne Aufzug kommen wir nicht mehr runter", entgegnete Elias. „Schreien nützt nichts, hab ich längst ausprobiert."

„Ich weiß was Besseres!" Lucy griff in ihre Hosentasche. Sie zog das Prima Prisma hervor, das sie seit der letzten Lichtschwimmstunde mit sich herumtrug. „Damit können wir einen Geistesblitz zur Erde schicken. Dann finden sie uns."

Elias' Augen leuchteten auf, doch im nächsten Moment verdüsterte sich sein Gesicht wieder. „Das können wir bei dem Licht vergessen. Wir müssen warten, bis die Sonne aufgeht."

„Vielleicht funktioniert es auch im Mondschein", sagte Lucy.

Mitten im Wolkengewaber wäre ein Geistesblitz nutzlos gewesen. Sie mussten ihn vom Rand der Wolke losschicken, damit er unten ankam.

„Das ist ziemlich gefährlich", gab Elias zu bedenken. „Am Rand wird der Wolkenboden immer dünner. Als ich mich vorhin umgesehen habe, wäre ich fast abgestürzt."

Sie bewegten sich langsam, Schritt für Schritt, nach außen. Auf den letzten Metern legten sie sich auf den Bauch und robbten bis zum Rand.

Es war zum Glück eine klare Vollmondnacht. Am Himmel funkelten viele Sterne, die runde Scheibe des Mondes strahlte in hellem Silberlicht.

„Boah, ist das hoch", flüsterte Lucy.

Viele Meter unter ihnen lag das gläserne Kuppeldach der Schule. Daneben war schemenhaft der Seitenflügel zu erkennen, und man sah den Garten, der die Schule umgab. In der Ferne schimmerten und blinkten die Lichter von Segensberg.

„Dann mal los!" Lucy hob das magische Prisma und versuchte, das Mondlicht damit einzufangen. Aber Elias hatte leider recht gehabt. Die silbernen Strahlen waren viel zu schwach. Es passierte gar nichts.

„Mist!", fluchte Lucy. „Wir müssen wirklich auf die Sonne warten."

„Was ist das denn?" Elias drehte den Kopf, weil aus dem Wolkeninneren ein leises Surren erklang.

„Das ist der Aufzug!", rief Lucy. „Er kommt wieder hoch!"

Tatsächlich, der lange Lift schob sich nur ein paar Meter von ihnen entfernt durch den

Wolkenboden. Dabei hätte Lucy schwören können, dass sie vorhin an einer ganz anderen Stelle ausgestiegen war. Jedenfalls war der Rand der Wolke nicht zu sehen gewesen. Aber vermutlich veränderte die Wolke ständig ihre Form.

Mit einem Schnarren glitten die Stahltüren auseinander.

Das runde Licht in der Decke fiel auf eine dünne junge Frau in einem roten Kleid.

„Frau Kyrie-Eleis!" Lucy sprang so schnell auf, dass sie tief in die Wolke einsank. Um ein Haar wäre sie wirklich nach unten durchgebrochen. Mit einem großen Satz rettete sie sich auf festeren Grund.

„Na endlich!" Elias richtete sich auf. „Wir dachten schon, Sie finden uns nie!"

Die Lehrerin knetete nervös ihre Hände, während sie aus dem Aufzug auf die Wolke trat. „Aber ich wusste doch die ganze Zeit, wo ihr seid."

13. KAPITEL, IN DEM ES ORDENTLICH WACKELT

Lucy starrte Frau Kyrie-Eleis verständnislos an. Und dann begriff sie. „*Sie* sind der Eindringling“, flüsterte sie.

„Was für ein Eindringling?“, fragte Elias.

„Sie arbeitet für deine Mutter“, erklärte Lucy, ohne den Blick von der Lehrerin abzuwenden.

„Ganz genau.“ Frau Kyrie-Eleis' Lächeln war wie immer ziemlich nervös. „Sie wird sich riesig freuen, dich endlich zu treffen, Elias.“ Die mausgrauen Augen richteten sich auf Lucy. „Aber die beste Überraschung bist du“, sagte sie.

Obwohl die Luft so feucht war, war Lucys Kehle auf einmal schrecklich trocken. Sie musste plötzlich an Uranus' Worte denken. Sie seien der wunde Punkt ihrer Eltern, hatte er gesagt. Und jetzt verstand sie auch, was der Rabe damit gemeint hatte. Wenn man sie schnappte, konnte man ihre Eltern damit unter Druck setzen. Um Lucy zu retten, würden sie ihr Versteck bestimmt verlassen.

Frau Kyrie-Eleis schloss die Augen, summte leise und schnippte dabei mehrmals mit den Fingern, worauf sich die Aufzugtüren wieder schlossen und der Lift im Wolkenboden versank.

„Sie können uns nichts tun", sagte Lucy mit mehr Überzeugung, als sie wirklich spürte. „In der Schule sind wir sicher."

„In der Schule schon." Frau Kyrie-Eleis' Lächeln flackerte wie eine Kerze im Wind. „Aber das Wolkenzimmer gehört nicht mehr zum Schulgelände."

Lucy wurde auf einmal ganz schwindlig. Oh nein! Sie hatte einen furchtbaren Fehler gemacht, als sie in den langen Lift gestiegen war.

Frau Kyrie-Eleis musterte sie mitleidig mit ihren großen Augen. „Du musst keine Angst haben", sagte sie. „Lady Sunshine wird dir nichts tun."

„Mir vielleicht nicht." Lucys Stimme zitterte. „Aber meiner Mutter."

„Nicht doch." Frau Kyrie-Eleis schüttelte den Kopf. „Keinem wird ein Haar gekrümmt. Lady Sunshine ist wirklich total nett."

„Total nett?" Lucys Verzweiflung verwandelte sich in Wut. „Das sieht der arme Herr Simmerling bestimmt anders. Lady Sunshine hat dafür gesorgt, dass er sich das Bein gebrochen hat, oder?"

„Na ja ..." Wieder knetete Frau Kyrie-Eleis verlegen die Hände. „Sie hat ihm auf der Rolltreppe im Einkaufszentrum einen klitzekleinen Schubs gegeben. Den Rest hat er selbst erledigt. Es war notwendig, sonst hätte ich in der Schule nicht anfangen können." Sie räusperte sich. „Lady Sunshine hat große Sehnsucht nach ihrem Sohn, deshalb hat sie mich hierhergeschickt."

„Und ganz nebenbei sollten Sie auch noch mich entführen", schnaubte Lucy.

„Nein, nein, wo denkst du denn hin?" Frau Kyrie-Eleis zog ihre Brauen hoch. „Niemand will dich entführen. Es geht nur um einen Besuch. Ein Kennenlernen, nicht mehr."

„Wieso will Lady Sunshine mich kennenlernen?", fragte Lucy misstrauisch.

„Sie weiß ja noch gar nicht, dass du auch mitkommst. Das war ganz allein meine Idee.

Als ich gesehen habe, wie gut du dich mit Elias verstehst, dachte ich, dass ich dich gleich mitnehmen könnte. Es hat ja auch super geklappt. Du bist sofort eingestiegen, als ich den langen Lift für dich geöffnet habe."

„Sie wussten, dass Nora und ich zuhören, als Sie vorhin mit Frau Opal gesprochen haben", sagte Lucy. „Deshalb haben Sie das Wolkenzimmer erwähnt."

„Sehr richtig." Frau Kyrie-Eleis lächelte glücklich. „Lady Sunshine wird stolz auf mich sein. Und sie wird sich unglaublich darüber freuen, dass ihr zwei euch angefreundet habt." Ihre Miene wurde mit einem Mal betrübt. „Sie macht sich große Sorgen um Elias."

„So ein Unsinn!", rief Lucy.

Die Lehrerin sah sie ernst an. „Doch, das tut sie. Sie ist eine wunderbare Frau."

Elias, der dem Gespräch bisher schweigend gefolgt war, schnaubte verächtlich. „Was haben Sie jetzt vor?", fragte er.

„Ich werde die Wolke von der Schule abdocken. Danach können wir losfliegen", sagte Frau Kyrie-Eleis. „Und dann lernst du deine Mutter endlich kennen. Ihr werdet euch prima verstehen."

„Ich will sie nicht sehen!", rief Elias wütend. „Ich hasse sie!"

Frau Kyrie-Eleis ließ sich nicht beirren. Sie drehte sich zu der Stelle, an der der Lift im Wolkenboden versunken war, streckte die Arme aus und spreizte die Finger.

Lucys Kopf dröhnte. Sie hatte das Gefühl, dass die Wolke in ihr Gehirn eingedrungen war. Und in dem Wolkennebel summte wie eine verirrte Stubenfliege ein Satz herum, den Frau Kyrie-Eleis gesagt hatte. *Lady Sunshine wird stolz auf mich sein.*

„Lady Sunshine wollte, dass Elias und ich uns anfreunden", sagte sie laut. „Und Sie sollten ihr dabei helfen."

Auch auf diesen Satz ging Frau Kyrie-Eleis

nicht ein. Sie begann stattdessen, leise zu summen.

„Natürlich!" Elias schlug sich mit der flachen Hand gegen die Stirn. „Bei der Gruppenarbeit über die Carambawolke haben Sie dafür gesorgt, dass wir zusammenarbeiten."

„Und dann haben Sie auch noch verhindert, dass Sinje bei uns mitmacht", ergänzte Lucy.

„Der Zusammenstoß im Speisesaal war auch kein Zufall", fuhr Elias fort. „Sie haben meine Wolke manipuliert."

„Jetzt verraten Sie uns endlich, welche Pläne Sie wirklich verfolgen!", rief Lucy.

„Was redet ihr denn da?" Frau Kyrie-Eleis ließ ihre Hände sinken und drehte sich zu ihnen um. „Deine Mutter will dich endlich kennenlernen, Elias. Danach bringe ich euch beide wieder zurück in die Schule. Es ist wirklich keine große Sache."

„Das glauben Sie doch wohl selbst nicht!", stieß Lucy zornig hervor. „Lady Sunshine hasst diese Schule. Sie ist böse. Und Sie sind es auch, wenn Sie mit ihr zusammenarbeiten."

„Das ist nicht wahr!", rief Frau Kyrie-Eleis. „Ich bin nicht böse. Aber ich kenne die Welt, im Gegensatz zu euch. Sie ist nicht so, wie ihr euch das vorstellt, sondern hart und grausam." In den grauen Augen lag plötzlich ein seltsamer Ausdruck. Verzweiflung, vermischt mit einer großen Einsamkeit.

„Wieso denken Sie das?", fragte Lucy.

Eine steile Falte bildete sich über der Nasenwurzel der Lehrerin. Einen Moment lang starrte sie düster vor sich hin. Dann verzog sie den Mund.

„Ich war eine richtig gute Schülerin", sagte sie. „Wolkenkunde war mein Lieblingsfach. Ach was, meine Berufung! Deshalb habe ich mich nach der Schule bei der Bergwacht beworben. Es war der ideale Job für mich: Als Wolkenkundlerin hätte ich Unfälle verhindern, Menschen retten und die Natur schützen können."

„Aber?", fragte Elias.

Die Stimme der Lehrerin wurde leiser. „Gleich in meiner ersten Arbeitswoche ging alles schief. Eine Gruppe junger Bergsteiger wollte sich an einen gefährlichen Aufstieg machen, doch ich wusste, dass sich ein schweres Unwetter näherte. Als ich sie gewarnt habe, haben sie mich nur ausgelacht. Der Himmel war ja auch noch blau und wolkenlos." Sie blickte auf ihre Schuhe, die im Wolkenboden versunken waren.

„Und dann?", fragte Lucy.

„Hab ich sie mit einem Versteinerungszauber festgesetzt. Nur einen halben Tag lang und zu ihrer eigenen Sicherheit."

„Oje!", rief Elias. „Und wie ging es weiter?"

„Sie waren kein bisschen dankbar, als ich den Zauber wieder gelöst habe", sagte Frau Kyrie-Eleis traurig. „Sie haben sich beim Bergmeister über mich beschwert. Der hat ihnen zum Glück nicht geglaubt." Sie seufzte. „Allerdings gab es immer wieder neue Beschwerden.

Da haben sie mich entlassen." Nun wischte sie sich verstohlen über die Augen. „Danach hab ich alles Mögliche probiert. Ich war auf einem Kreuzfahrtschiff und bei der Hafenpolizei und sogar bei der Luftaufsicht. Aber sobald ich meine Magie eingesetzt habe, wollte man mich nicht mehr haben. Am Ende hab ich aus lauter Verzweiflung in einer Wurstfabrik gearbeitet. Doch dann lernte ich Lady Sunshine kennen." Ein zaghaftes Lächeln huschte über ihr Gesicht.

„Und die hat Sie eingewickelt", sagte Elias düster.

„Sie hat mir Mut gemacht", erklärte Frau Kyrie-Eleis. „Ich habe endlich eine Aufgabe, einen Platz, an den ich gehöre." Nun kämpfte sie wirklich mit den Tränen. „Die Stelle hier in der Schule hätte ich ohne sie nie bekommen. Und sie wird auch in Zukunft für mich sorgen."

„Sie dürfen Lady Sunshine nicht vertrauen!", rief Lucy. „Elias hat recht: Sie hat Ihnen nur etwas vorgemacht!"

Die Lehrerin schüttelte unwillig den Kopf. „Wir müssen jetzt wirklich los." Wieder streckte sie die Hände aus und spreizte die Finger.

„Solve ascendit!", murmelte sie. *„Ex materia prompta."*

Plötzlich blitzten an ihren Fingerkuppen Funken auf. Dann begann die Wolke zu wackeln. Lucy spürte das Vibrieren wie Stromstöße in ihrem Körper.

Im selben Moment berührte Elias sie mit dem Ellenbogen und wies mit einer fast unmerklichen Kopfbewegung zum Himmel, der nicht mehr dunkelblau war, sondern rötlich leuchtete. Und nun schob sich die Sonne über den Horizont nach oben.

Jetzt oder nie! Lucy holte tief Luft und drehte sich um. Sie hob das Prisma ins Licht, sodass die Sonnenstrahlen auf die dreieckige Fläche fielen. Auf der Stelle schoss ein grüner Blitz daraus hervor und zuckte über den Himmel.

Lucy warf einen hastigen Blick zu Frau Kyrie-Eleis. Hatte sie ihr Manöver bemerkt?

Aber die Lehrerin war ganz auf ihren Lösungszauber konzentriert. Sie hielt die Augen geschlossen. Ein mächtiger Funkenstrom floss aus ihren Fingern zu Boden. Hin und wieder murmelte sie ein paar unverständliche Worte.

Lucy drehte sich zurück, um einen neuen Blitz loszuschicken. Aber ausgerechnet jetzt schob sich eine dunkle Wolke vor die aufgehende Sonne.

„Mist!" Lucy wechselte einen verzweifelten Blick mit Elias. Er war ganz blass und schüttelte traurig den Kopf.

Es war vorbei.

14. KAPITEL, IN DEM PLUTO DIE ZÄHNE ZEIGT

Der Funkenstrom, der aus Frau Kyrie-Eleis' Fingern floss, war so hell, dass Lucy die Augen abwenden musste. Die Wolke wackelte jetzt wie verrückt. Gleich wäre sie losgelöst und danach würden sie wegfliegen.

Eine schreckliche Verzweiflung ergriff Lucy. Aber nun trat Elias ganz dicht neben sie und nahm ihre Hand. Und sofort fühlte sie sich wieder ein bisschen besser. Solange sie zusammen waren, war nicht alles verloren.

Erst dann wurde ihr bewusst, dass das

Wackeln plötzlich aufgehört hatte. Die Wolke stand still. Ein paar Funken blitzten noch aus den Fingerspitzen der Lehrerin, schließlich versiegten sie.

Frau Kyrie-Eleis schüttelte ihre Finger aus. „Verflixt“, murmelte sie leise. „Was ist denn jetzt los?“

Unter ihnen erklang wieder das leise Surren und Sekunden später schob sich der Lift aus dem Wolkenboden. Schnarrend öffneten sich die Türen.

Mit einem lauten, wütenden Bellen sprang Pluto auf die Wolke, gefolgt von Herrn Karibu, der einen langen Stab in den Händen hielt.

Die sonst so sanften Augen des Lehrers blitzten vor Zorn. Seine weißen Haare sahen aus wie heißer Qualm und er schien ein ganzes Stück größer zu sein als normalerweise.

Pluto war noch viel furchterregender. Sein Fell war gesträubt, er fletschte die spitzen Zähne. Mit zwei weiten Sprüngen hatte der Wolfshund

Frau Kyrie-Eleis erreicht. Er baute sich vor ihr auf und knurrte laut und drohend.

Die Lehrerin fiel augenblicklich in sich zusammen wie ein Gummitier, aus dem man die Luft herausließ.

„Bitte tu mir nichts!", wimmerte sie.

Pluto knurrte noch lauter. Seine blutunterlaufenen Augen glühten. Nichts erinnerte mehr an den verschmusten Hund, der sich von den Schülern stundenlang den Bauch kraulen ließ.

„Es ist aus!", donnerte Herr Karibu. „Lassen Sie die Kinder gehen!"

Frau Kyrie-Eleis schlug die Hände vors Gesicht. „Immer läuft alles schief!", schluchzte sie.

Herr Karibu wandte sich zu Lucy und Elias. „Alles okay bei euch?"

Sie nickten stumm.

„Dann fahrt jetzt nach unten." Der Direktor wies mit dem Kopf auf den Lift. „Wir kommen nach."

Als sich der Fahrstuhl mit ihnen in Bewegung setzte, stieß Elias einen tiefen Seufzer aus.

„Es tut mir leid", flüsterte er.

„Was?", fragte Lucy.

„Dass meine Mutter so gemein ist. Und dass du da mit reingezogen wurdest."

„Das ist doch nicht deine Schuld", sagte Lucy.

„Trotzdem. Bestimmt hasst du mich jetzt total."

Lucy lächelte ihn an. „Nein", sagte sie. „Kein bisschen."

Nun war sie es, die ihre Hand in seine schob. Und er hielt sie fest. Es war so ein schönes Gefühl, am liebsten wäre Lucy stundenlang so weitergefahren, Hand in Hand mit Elias.

Doch nun kam der Lift zum Stehen und die Türen öffneten sich. Im selben Moment schoss Nora auf Lucy zu und fiel ihr um den Hals.

„Ich bin ja so froh", flüsterte sie. „Ich dachte schon …" Nora brach ab und Lucy spürte, wie ihre Wange nass wurde.

Erst jetzt bemerkte sie, dass auch Frau Luna und eine ganze Menge anderer Lehrer und Schüler in der Halle standen.

Nach dem Aufwachen hatten Sinje und Nuri gemerkt, dass Lucy nicht in ihrem Bett lag. Sie hatten direkt Herrn Karibu alarmiert, der wiederum Nora geholt hatte. Und gerade als Nora von dem nächtlichen Treffen mit Lucy erzählt hatte, war der Geistesblitz vom Himmel gezuckt. Herr Karibu hatte ihn sofort geortet und die Ablösung der Wolke im letzten Moment gestoppt.

„Eine Sekunde später – und Frau Kyrie-Eleis wäre mit euch davongesegelt“, erklärte Frau Luna.

Sie saßen inzwischen wieder in ihrem Büro. Die beiden Direktoren hatten auf dem roten Sofa Platz genommen. Lucy und Nora teilten sich einen plüschigen Ohrensessel und Elias saß auf dem anderen.

„Wieso haben Sie das Wolkenzimmer denn

nicht schon früher überprüft?" Lucy streichelte Pluto, der seinen Kopf auf ihren Schoß gelegt hatte und genießerisch mit den Ohren wackelte. Man konnte sich überhaupt nicht mehr vorstellen, dass er jemandem Angst machen könnte.

„Irgendjemand hat behauptet, dass dort oben niemand ist", sagte Herr Karibu. „Vermutlich war es Frau Kyrie-Eleis selbst. Und wir haben ihr vertraut. Das war ein Fehler."

„Sie war so eine gute Lehrerin", murmelte Frau Luna.

„Jammerschade", krächzte Uranus. Der Rabe schnappte sich einen Maiskolben, der unter der Decke schwebte, und pickte daran herum.

„Was passiert jetzt mit ihr?", erkundigte sich Lucy.

„Tja, das ist die Frage." Wie immer, wenn er ratlos war, nahm Herr Karibu seine Brille ab und begann sie zu putzen. „Vielleicht können wir sie ja hierbehalten."

„Als Lehrerin?", fragte Nora ungläubig.

„Sie braucht eine Aufgabe, die sie ausfüllt. Und Freunde, die ihr vertrauen", sagte Frau Luna. „Außerdem ist sie ist eine exzellente Wolkenmagierin."

„Wenn wir uns früher um sie gekümmert hätten, hätte sie sich niemals Lady Sunshine zugewandt", ergänzte Herr Karibu und setzte die Brille wieder auf.

Nora nahm sich ein Käsebrot von dem Sandwichteller, der über ihnen in der Luft schwebte. Verstohlen brach sie ein Stück davon ab und steckte es Pluto zu, der es mit großer Begeisterung verschlang.

„Wir müssen natürlich sicherstellen, dass

sie keine Gefahr mehr darstellt", sagte Frau Luna.

„So wie ich." Diese Worte hatte Elias ganz leise gesagt, dennoch hatten alle sie gehört.

„Wie meinst du das, Elias?", fragte Herr Karibu freundlich.

„Meine Mutter ... sie dringt in meine Träume ein. Und sie schickt mir fremde Gedanken. Deshalb bin ich mitten in der Nacht aufgestanden und mit dem langen Lift nach oben gefahren."

„Hast du das gemacht, weil deine Mutter es befohlen hat?", fragte der Direktor. „Oder weil du es selbst wolltest?"

Elias zögerte einen Moment. „Na ja. Ich wollte sehen, was dort oben ist."

„Sie macht es auch bei mir", flüsterte Lucy.

„Was?" Herrn Karibus dunkle Augen wurden groß vor Erstaunen.

„Ich habe in den letzten Nächten immer nur von Elias geträumt. Und von Celeste. Meine

Träume haben mir verraten, dass sie die gleichen Augen haben."

Frau Luna lächelte. „Ich glaube nicht, dass deine Träume von Lady Sunshine kamen. Wahrscheinlich ist dir im Schlaf nur bewusst geworden, was du schon vorher begriffen hast." Die Direktorin musterte Elias nachdenklich. „Ihr habt wirklich die gleichen Augen, Celeste und du. Es ist erstaunlich, dass kein anderer Schüler etwas bemerkt hat."

„Werfen Sie mich jetzt aus der Schule?", fragte Elias.

„Wieso das denn?" Herr Karibu sah ihn verwundert an.

„Na, ich bin doch Lady Sunshines Sohn. Und diese Träume …"

„Dass Claire Ensberg deine Mutter ist, wussten wir von Anfang an", erwiderte Frau Luna anstelle des Direktors. „Das ist für uns kein Problem. Celeste ist schließlich auch hier."

„Ich befürchte, du musst dich damit abfinden,

dass Lady Sunshine auch in Zukunft in deine Träume eindringt", fuhr Herr Karibu fort. „Niemand kann seine Träume kontrollieren. Da geht es dir nicht anders als uns allen. Sie beeinflussen uns, wir sind ihnen jedoch nicht ausgeliefert."

„Außerdem hätten wir ja nur noch fünf Tagschüler, wenn wir dich verlieren würden", ergänzte Frau Luna.

„Wie – nur noch fünf?", fragte Lucy.

„Ach, das wisst ihr ja noch gar nicht", sagte Herr Karibu. „Der kleine Benny Mingus verlässt uns auf eigenen Wunsch. Sein Heimweh ist einfach zu groß."

„Das ist schrecklich bedauerlich", fand Frau Luna. „Der Junge ist so talentiert. Hoffentlich gibt er uns im nächsten Schuljahr noch eine Chance."

„Heißt das, alle anderen dürfen bleiben?" Lucys Stimme war kratzig vor Aufregung.

„So ist es", sagte Herr Karibu. „Herr Wohlgemut wollte die Neuigkeit heute verkünden. Na, nun ist es raus. Ihr könnt es ja einstweilen noch für euch behalten."

„Hurra!" Uranus hatte seinen Maiskolben leer gepickt. Er breitete die schwarzen Schwingen aus und flog eine Runde durchs Zimmer. Die Gegenstände, die unter der Decke schwebten, gerieten dadurch heftig in Bewegung, aber sie wichen dem großen Vogel geschickt aus. „Herzlichen Glückwunsch an alle Anwesenden!", krächzte er, während er auf Frau Lunas Schulter landete.

„Dem kann ich mich nur anschließen", sagte Herr Karibu.

„Und ich auch." Frau Luna lächelte sie an, dann hob sie eine Hand vor den Mund und gähnte verstohlen. „Entschuldigt, aber ich bin entsetzlich müde. Ich schlage vor, dass wir nun ..."

„Halt!" Noras Stimme war so laut, dass alle zusammenzuckten. „Ich will jetzt endlich wissen, warum sich unsere Eltern verstecken", sagte sie mit fester Stimme. „Was will Lady Sunshine von unserer Mama?"

Die beiden Direktoren wechselten einen Blick. Frau Luna zuckte mit den Schultern. Herr Karibu nickte langsam.

„Also gut", sagte er. „Ich denke auch, dass es an der Zeit ist, dass ihr die Wahrheit erfahrt."

15. KAPITEL, DAS GANZ KURZ IST

Lucys Herz hämmerte laut und aufgeregt. Oder war es Noras Herzschlag, der in ihren Ohren dröhnte?

Herr Karibu begann schon wieder, seine Brille zu putzen. „Eure Mutter hat eine besondere Gabe", sagte er, „die gibt es nur ein einziges Mal auf der Welt. Sie ist die Gedächtnisträgerin."

„Das bedeutet, dass sie alle Geheimnisse der Tag- und Nachtmagie in sich trägt. Wie ein riesiges Archiv oder ein gigantischer Speicher", erklärte Frau Luna.

„Davon hat sie nie etwas erzählt", sagte Lucy.

„Sie wusste ja selbst nichts davon. Das magische Gedächtnis ist vor vier Jahren einfach über sie gekommen", sagte Frau Luna. „Von einem Tag auf den anderen."

„Wenn eine Gedächtnisträgerin stirbt, geht ihr Wissen automatisch auf ihre Nachfolgerin über", ergriff jetzt wieder Herr Karibu das Wort. „Keiner ahnt, wer das sein wird. Eure Mutter war vollkommen überrascht, als sie das Gedächtnis empfangen hat. Auf einen Schlag war sie die wichtigste Person der Tag- und Nachtmagie. Deshalb hat sie sich entschlossen, zusammen mit eurem Vater unterzutauchen."

„Damit Lady Sunshine sie nicht findet", sagte Nora.

„Claire Ensberg wusste damals noch gar nicht, dass deine Mutter die neue Gedächtnisträgerin ist", sagte Frau Luna. „Das hat sie erst vor Kurzem rausgefunden. Außerdem kann sie eure Mutter nicht zwingen, ihre Geheimnisse zu verraten. Eine Gedächtnisträgerin verstummt automatisch, wenn man sie unter Druck setzt."

„Und wieso wollte sie mich dann entführen?", fragte Lucy.

„Ich vermute, es ging ihr darum, dich auf ihre Seite zu ziehen. Deshalb ist ihr auch die Freundschaft zwischen dir und Elias so wichtig. Lady Sunshine will, dass du deine Mutter dazu bewegst, mit ihr zu kooperieren. Dann wäre ihre Macht grenzenlos."

„Darauf würde sich Lucy niemals einlassen!", rief Nora. „Und Mama schon gar nicht."

Herr Karibu lächelte. „Lady Sunshine kann sehr überzeugend sein. Aber sie ist nicht der einzige Grund, warum eure Eltern untergetaucht sind. Eine Gedächtnisträgerin muss ihr normales Leben aufgeben und sich ganz ihrer Berufung widmen. Die Arbeit ist ungeheuer anstrengend. Und es gibt außer Lady Sunshine viele andere böse Mächte, die die Geheimnisse für sich nutzen wollen. Eure Eltern wollten nicht, dass ihr unter diesen Bedingungen groß werdet. Ihr solltet frei sein und euch selbst entscheiden können, welchen Lebensweg ihr gehen möchtet."

„Wir wollen Mama und Papa aber wiedersehen", sagte Nora mit belegter Stimme.

„Das werdet ihr auch", sagte Herr Karibu. „Und bis es so weit ist, sehen sie euch."

„Wie?", fragte Lucy, doch sie wusste, dass sie auf diese Frage keine Antwort bekommen würde.

Herrn Karibus dunkle Augen richteten sich auf Elias. „Was ist mit dir?", fragte er. „Möchtest du deine Mutter ebenfalls treffen?"

„Soll das ein Witz sein?" Elias schüttelte empört den Kopf. „Bestimmt nicht!"

„Du kannst nicht dein Leben lang vor ihr fliehen", erwiderte Herr Karibu ruhig.

„Aber Elias kann auch nicht zu ihr!", rief Lucy aufgeregt. „Das wäre viel zu gefährlich."

SCHUL
IREKTION

„Sie ist seine Mutter. Und niemand ist ganz böse. Oder völlig gut." Herr Karibu erhob sich. „Doch das alles hat Zeit. Ich muss mich jetzt um Frau Kyrie-Eleis kümmern. Die Arme ist total fertig."

Frau Luna stand ebenfalls auf. „Genau wie ich. Und auch Nora muss schleunigst ins Bett." Sie wandte sich an Lucy und Elias. „Ihr zwei seid heute übrigens vom Unterricht befreit."

„Das geht nicht." Lucy warf einen Blick auf ihre Uhr. „In einer halben Stunde haben wir Lichtschwimmen. Da dürfen wir zum ersten Mal in den grünen Bereich." Sie sah Elias an. „Kommst du mit?"

„Aber klar." Als er sie anlächelte, spürte Lucy ein seltsames Kribbeln im Bauch. Als wäre sie jetzt schon weit in den grünen Bereich hinausgeschwommen.

Auf dem Weg nach draußen nahm Nora Lucys Hand und drückte sie ganz fest.

„Ich freu mich auf Mama und Papa", flüsterte

sie ihr zu. „Aber am allermeisten freu ich mich, dass wir hier sind."

Und Lucy ging es genauso.

MAGISCHER REGENBOGEN-COCKTAIL

Lichtschwimmen macht durstig – deshalb mixen sich Lucy und ihre Freunde nach dem Unterricht gerne diesen leckeren Regenbogen-Cocktail. Willst du ihn auch einmal probieren? Es geht ganz leicht und schmeckt einfach magisch!

Du brauchst dafür:

- Orangensaft
- Granatapfelsirup
- Mineralwasser mit ganz viel Kohlensäure
- Blue-Curaçao-Sirup
- ein paar Bio-Zitronenscheiben
- große bauchige Cocktailgläser für dich und deine Freunde

So wird's gemacht:

1. Als Erstes färbst du das Mineralwasser mit etwas Blue-Curaçao-Sirup blau ein. Rühr dabei so wenig wie möglich um, damit die Kohlensäure nicht entweicht.
2. Fülle die Cocktailgläser etwas über die Hälfte mit Orangensaft.
3. Halte einen Löffel knapp unterhalb der Orangensaft-Oberfläche mit der Spitze gegen den Glasrand und lass Granatapfelsirup darauflaufen. Da der Sirup schwerer ist als der Saft, sinkt er an der Glaswand nach unten und bildet so eine rote und eine orangefarbene Schicht.
4. Jetzt kommt die grüne Schicht. Spül den Löffel ab und halte ihn wieder unter die Orangensaft-Oberfläche, die Spitze berührt den Glasrand. Dann gießt du vorsichtig das blaue Mineralwasser darauf. Es vermischt sich mit dem gelben Orangensaft zu einer

grünen Schicht, sinkt aber nicht nach unten, weil es leichter ist als der Saft.

5. Zum Schluss hältst du den Löffel direkt über die Oberfläche – wieder mit der Spitze zum Rand – und füllst das Glas mit blauem Mineralwasser. Aber Achtung: ganz langsam und ohne Schwung! Durch die Kohlensäure schwebt die blaue Schicht auf dem bunten Saft.
6. Dekoriere jedes Glas mit einer Zitronenscheibe, die du oben auf den Glasrand steckst.

Nun kannst du deinen Cocktail genießen! Prost!

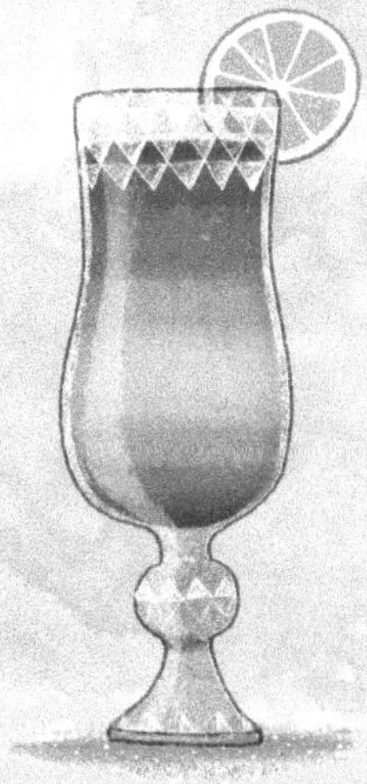

GINA MAYER ist ein Tagmensch. Ihr Sternzeichen ist Schütze. Sie mag Erdbeeren, Vogelgezwitscher, Sonnenblumen, Gewitter und alle Farben des Regenbogens. Wenn die Bestsellerautorin gerade keine Bücher für Kinder oder Erwachsene schreibt, guckt sie gerne in die Wolken. Bei dieser Gelegenheit kamen ihr unzählige Ideen zu ihrer neuen Reihe *Die Schule für Tag- und Nachtmagie*.

© privat

MILA MARQUIS ist eher ein Nachtmensch, aber für ihren Sohn steht sie oft früh auf. Mit großer Leidenschaft illustriert die gelernte Modedesignerin Kinderbücher und Postkarten. Wenn sie mal nicht mit ihrem Pinsel die Welt verschönert, blickt sie voller Sehnsucht in die Sterne und aufs Meer. Sie liebt Himbeeren und Karamell, ihre Maine-Coon-Katzen, die Frühlingssonne, exotische Pflanzen und den Wald. Frau Opal würde sagen: Ihr Sternzeichen ist eindeutig Jungfrau mit Aszendent Löwe.

LESEPROBE

Gina Mayer

DIE SCHULE FÜR TAG- UND NACHTMAGIE

Band 3

Horoskopie war eines von Noras Lieblingsfächern. Zusammen mit Sternzeichnen, Duftkunde und Mathe. Das einzig Blöde war, dass es so früh stattfand! Sie hatten das Fach montags und donnerstags in der ersten Stunde – und die begann um acht. Dabei wurde Nora erst um halb neun so richtig wach.

Halb neun Uhr abends, wohlgemerkt.

Nora ging nämlich in keine normale Schule, sondern in die Nachtklasse der Schule für Tag- und Nachtmagie.

„Heute habe ich etwas besonders Spannendes mit euch vor!" Ihre Klassenlehrerin Frau Opal war gerade in den Raum getreten, ihr langer Pferdeschwanz wippte fröhlich hin und her. „Wir machen das Ganze in Zweiergruppen, ihr dürft euch euren Partner aussuchen." Sie hatte den Satz noch nicht zu Ende gesprochen, als Nora auch schon aufgesprungen war, um zu Tarek zu rennen.

Bis vor einer Woche hatten sie noch nebeneinander gesessen, aber dann war Frau Opal auf die doofe Idee gekommen, die Klasse durchzumischen. Seit der neuen Sitzordnung teilte Nora sich einen Tisch mit Celeste. Ausgerechnet.

Nora hatte Tarek schnell erreicht. „Wir arbeiten zusammen, ja?" Sie legte einen Arm um ihren besten Freund.

„Klar." Er lachte, sodass man die Lücke zwischen seinen oberen Schneidezähnen sah. „Aber deswegen musst du Muckel doch nicht zerdrücken!"

„Oh, sorry!" Jetzt erst merkte Nora, dass

der buschige Schwanz von Tareks Siebenschläfer unter ihrer Hand lag.

Tareks ständiger Begleiter hatte auf der Schulter ein Nickerchen gehalten. Aber nun war er aufgewacht, seine schwarzen Knopfaugen musterten Nora vorwurfsvoll. Als sie ihn streichelte, gähnte er und leckte an ihrem Zeigefinger, an dem vom Spätstück noch ein bisschen Marmelade klebte.

„Zweiergruppen habe ich gesagt!", rief Frau Opal. „Senay, Rune, Felix!" Die drei Schüler standen nämlich zusammen. Und Celeste, die sechste Schülerin in der Klasse, war allein.

Als Einzige war sie auch gar nicht erst aufgestanden. Sie saß kerzengerade auf ihrem Stuhl, ihr langes schimmerndes Haar umhüllte sie wie ein kostbarer Umhang.

Celeste war das schönste Mädchen, das Nora kannte. Sie hatte unglaublich lange goldene Haare und blaue Augen, die von innen heraus zu leuchten schienen wie Martinslaternen.

Aber niemand mochte sie. Bei Gruppenarbeiten war sie immer die Letzte, die ausgewählt wurde. Dabei war sie die Klassenbeste und konnte und wusste einfach alles.

Frau Opal gefiel es absolut nicht, dass Celeste ausgeschlossen wurde, deshalb teilte sie die Gruppen normalerweise selber ein. Sie musterte die Klasse unzufrieden. Über ihrer linken Augenbraue waren drei Punkte tätowiert, die sich jetzt zusammenzogen, weil sie die Stirn runzelte.

„Ich geh zu Celeste", erklärte Rune.

Das war echt nett von ihm, fand Nora. Sie war sich sicher, dass er genauso wenig Lust hatte, mit Celeste zusammenzuarbeiten, wie der Rest der Klasse.

Die anderen atmeten sichtlich auf. Nur Celeste zog missmutig die Mundwinkel nach unten, als Rune sich neben sie setzte.

„Wunderbar", sagte Frau Opal. „Dann können wir ja anfangen. In den letzten Wochen haben wir schon eine Menge über Horoskope und ihre Erstellung gelernt. Jeder von euch hat sein eigenes Horoskop verfasst. Heute wollen wir herausfinden, wie die Sterne in den nächsten Tagen für unsere Teampartner stehen. Bitte tauscht dazu erst mal eure Horoskope aus."

Nora legte das Blatt mit Tareks Horoskop vor sich auf den Tisch. Es war ein Gewirr aus Kreisen, Linien und geometrischen Formen.

Bevor sie in die Nachtschule gekommen war, hätte das Ganze überhaupt keinen Sinn für Nora gemacht. Aber in den letzten Monaten hatte sie vieles gelernt.

In jedem Horoskop gab es einen äußeren Ring, in dem die Tierkreiszeichen abgebildet waren.

Tareks Sternzeichen war Steinbock und blau markiert. Und sein Aszendent Löwe war rot gefärbt. Auf dem inneren Ring lagen die zwölf

Häuser. Außerdem zeigte das Horoskop die Position der Himmelskörper bei Tareks Geburt und ihre Stellungen zueinander.

Frau Opal drückte einen Knopf neben der Tür und dimmte dadurch das Licht der Mondlampe herunter. Genau wie der richtige Mond draußen vor dem Fenster wandelte auch die Mondlampe im Zimmer nächtlich ihre Form, sie nahm ab und dann wieder zu. Heute war sie rund wie ein Vollmond.

Nun drückte Frau Opal einen weiteren Schalter und *schwups!* verwandelte sich der Klasseraum in ein Planetarium. Die Wände und die Decke formten sich zu einer halbrunden Kuppel um, auf der helle Lichtpunkte prangten wie die Sterne am Himmel.

„Das ist der Sternenhimmel der nächsten drei Nächte", sagte Frau Opal. „Schaut ihn euch bitte ganz genau an und sagt mir, was euch daran auffällt."

Nora legte den Kopf in den Nacken und

suchte erst mal die Venus, den hellsten der Planeten. Er schwebte direkt über der Tür. Dann ließ sie ihren Blick weiterwandern.

„Und?“, fragte Frau Opal.

Celestes Hand schoss sofort in die Höhe, wie immer, wenn einer der Lehrer eine Frage stellte. Nach einer Weile meldete sich Felix und plötzlich wusste auch Nora Bescheid. Mit einem leisen Aufschrei hob sie die Hand.

„Nora?“, fragte Frau Opal.

„Jupiter und Saturn stehen fast nebeneinander. Es passiert super selten, dass sie sich begegnen!“

„Nur alle zwanzig Jahre“, sagte Frau Opal. „Und übermorgen ist es so weit.“

Celeste schnippte mit den Fingern. „Man nennt das Ganze eine Große Konjunktion!“, erklärte sie, nachdem Frau Opal sie aufgerufen hatte.

„Richtig. Sehr gut, Celeste.“

Im Klassenzimmer herrschte jetzt eine konzentrierte Stille. Man hörte nur das Kratzen ihrer Stifte auf den Blättern und Muckels leises Schnarchen. Er hatte sich auf Tareks Schoß zusammengerollt und war wieder eingeschlafen. Eigentlich waren Siebenschläfer ja nachtaktiv, aber Muckel hielt sich grundsätzlich nicht an Regeln.

Nora hatte die Angaben aus Tareks Horoskop in ihr Heft übertragen. Nun errechnete sie aus dem Schnittpunkt zwischen Meridian und Ekliptik die Himmelsmitte und zeichnete sie ebenfalls ein. Sie presste ihre Zungenspitze zwischen die Zähne, während sie die Aspekte markierte.

Horoskopie war ein bisschen wie Mathe, was Frau Opal ebenfalls unterrichtete. Wenn man während der Arbeit einen winzigen Fehler machte, stimmte am Ende nichts mehr.

„Sehr schön, Nora", sagte Frau Opal, die hinter sie getreten war und einen Blick über ihre Schulter warf. Dann ging sie weiter zu Rune.

„Du hast wieder den Nadir und den Zenit verwechselt." Sie tippte auf sein Blatt. „Außerdem stimmt das Medium coeli nicht."

Rune stöhnte laut und begann wie wild zu radieren.

„Fang lieber noch mal neu an", riet ihm Frau Opal.

Bei Celeste nickte sie nur wohlwollend, da war natürlich alles perfekt.

Sie arbeiteten fast die ganze Stunde an den Horoskopen.

Zehn Minuten vor Schluss klatschte Frau Opal in die Hände. „So, nun bin ich aber gespannt, was ihr rausgefunden habt", erklärte sie.

Nora legte den Stift weg und verschränkte die Hände im Nacken.

Kiran
Nora & Lucy
Yannick
Herr Wohlgemut